ATENÇÃO PLENA PROFUNDA

DEEPER MINDFULNESS

MARK WILLIAMS E DANNY PENMAN

ATENÇÃO PLENA PROFUNDA
DEEPER MINDFULNESS

Título original: *Deeper Mindfulness*

Copyright © 2023 por Professor J. M. G. Williams e Dr. Danny Penman
Copyright da tradução © 2024 por GMT Editores Ltda.

Todos os direitos reservados. Nenhuma parte deste livro pode ser utilizada ou reproduzida sob quaisquer meios existentes sem autorização por escrito dos editores.

coordenação editorial: Sibelle Pedral
produção editorial: Livia Cabrini
tradução: Michela Korytowski
preparo de originais: Ana Tereza Clemente
revisão: Hermínia Totti e Rafaella Lemos
diagramação e adaptação de capa: Ana Paula Daudt Brandão
capa: Jim Datz
imagem de capa: Azul do Atlântico/ Getty Images
impressão e acabamento: Cromosete Gráfica e Editora Ltda.

CIP-BRASIL. CATALOGAÇÃO NA PUBLICAÇÃO
SINDICATO NACIONAL DOS EDITORES DE LIVROS, RJ

W69a

Williams, Mark
  Atenção plena profunda / Mark Williams, Danny Penman ; tradução Michela Korytowski. - 1. ed. - Rio de Janeiro : Sextante, 2024.
  240 p. ; 23 cm.

  Tradução de: Deeper mindfulness
  ISBN 978-65-5564-807-2

  1. Atenção Plena (Psicologia). 2. Meditação. 3. Técnicas de autoajuda. I. Penman, Danny. II. Korytowski, Michela. III. Título.

23-87425   CDD: 158.13
       CDU: 159.952

Gabriela Faray Ferreira Lopes - Bibliotecária - CRB-7/6643

Todos os direitos reservados, no Brasil, por
GMT Editores Ltda.
Rua Voluntários da Pátria, 45 – 14º andar – Botafogo
22270-000 – Rio de Janeiro – RJ
Tel.: (21) 2538-4100
E-mail: atendimento@sextante.com.br
www.sextante.com.br

DEDICATÓRIAS

DANNY
Para Sasha e Luka

MARK
Para Elliot e Sebastian

SUMÁRIO

1. Essa era a minha vida... e eu não aproveitava — 9
2. Por que ficamos tão exaustos? — 19
3. Quadro a quadro — 35
4. Detalhes práticos do programa — 45
5. Semana 1: Encontre sua âncora — 55
6. Semana 2: Faça uma pausa – recupere a mente dispersa — 73
7. Semana 3: Redescubra a sensação das coisas — 95
8. Semana 4: Restaure o equilíbrio — 117
9. Semana 5: Tom de sentimento no limbo da consciência — 141
10. Semana 6: Voar com mau tempo — 159
11. Semana 7: Recupere a sua vida — 183
12. Semana 8: A aventura continua — 205

Um ano de prática — 215
Para ler e pesquisar — 219
Notas — 225
Agradecimentos — 237

CAPÍTULO 1

Essa era a minha vida... e eu não aproveitava

Todas as manhãs, um homem passeava com seus quatro cachorros em um parque. Três deles estavam sempre correndo, latindo cheios de alegria e abanando o rabo. O quarto cachorro parecia feliz, mas corria em pequenos círculos (embora alcançasse uma boa distância) e ficava sempre perto do homem. Dia após dia, o guarda do parque reparava naquele estranho comportamento. Um dia tomou coragem e perguntou por que o cachorro se comportava de maneira tão curiosa.[1]

– Ah! – respondeu o homem. – É que essa cachorrinha foi resgatada. Passou quase toda a vida presa. Ela só corre até onde o antigo cercado permitia.

COM QUE FREQUÊNCIA VOCÊ age como essa cachorrinha? Livre, mas sempre andando em círculos em sua mente. Livre para ser feliz, mas aprisionado aos mesmos pensamentos repetitivos e sombrios. Livre para se sentir em paz com você mesmo e com o mundo, mas ainda assim atado à ansiedade, à infelicidade e à exaustão.

Tão livre quanto um cachorro em um cercado.

Quantas vidas desperdiçadas por causa de pequenas tragédias como essa! No fundo, sabemos que somos capazes de viver de maneira feliz e plena, embora algo sempre nos impeça de alcançar esse objetivo. Como se a vida estivesse ao nosso alcance e ainda assim escapasse por entre os dedos. Embora períodos de angústia pareçam surgir do nada, eles nascem de forças psicológicas profundamente arraigadas. Neurocientistas começaram a entender como esses processos guiam nossos pensamentos, sentimentos e emoções – e o mais importante, descobriram por que eles às vezes falham e deixam nossa vida muito aquém de seu verdadeiro potencial. Essas novas descobertas, além de mostrarem por que a atenção plena é tão eficaz no alívio do estresse, abrem portas para métodos sutilmente diferentes que podem até ser mais eficientes. A atenção plena não foi substituída – ao contrário, pode ser expandida para incluir uma dimensão nova e transformadora.

Este livro reúne novos avanços que vão ajudá-lo a deixar de lado as preocupações e oferecer as ferramentas necessárias para lidar com a ansiedade, o estresse, a infelicidade, a exaustão e até mesmo a depressão. Quando essas emoções desagradáveis evaporarem, você redescobrirá um espaço interno de profunda calma, a partir do qual poderá reconstruir a vida.

Podemos ajudar você a fazer isso porque nós – e nossos colegas da Universidade de Oxford e outras instituições ao redor do mundo – passamos muitos anos desenvolvendo tratamentos para ansiedade, estresse, depressão e exaustão. Juntos, criamos a terapia cognitiva baseada na atenção plena (também conhecida pela sigla em inglês MBCT, *mindfulness-based cognitive therapy*), comprovada clinicamente como um dos tratamentos mais eficazes contra a depressão nos dias de hoje.[2] Desse trabalho surgiu nosso livro *Atenção plena (Mindfulness): Como encontrar a paz em um mundo frenético*. Conforme atestam pesquisas médicas na Universidade de Cambridge e em outras instituições, este livro e seu programa de atenção plena constituem um tratamento bastante eficaz contra ansiedade, estresse e depressão. Tanto que passou a ser recomendado por médicos e psiquiatras em todo o mundo para ajudar pessoas a lidar com uma grande diversidade de condições de saúde mental, inclusive com a infelicidade generalizada e a insatisfação com a vida.

As práticas que apresentamos no livro *Atenção plena (Mindfulness)*, ao lado de técnicas semelhantes ensinadas em cursos sobre redução do estresse com base na atenção plena (*Mindfulness-based Stress Reduction* – MBSR), são apenas os primeiros passos para um caminho mais longo e proveitoso. Embora formem a base para uma vida mais significativa, feliz e transformadora, há quem nos pergunte se existe algo além que possa ser feito para aperfeiçoar as práticas e resolver outros problemas.

A resposta é *sim*. Existe uma maneira de aperfeiçoar a atenção plena, de se aprofundar e liberar mais de seu potencial, explorando outra fronteira conhecida como *vedanā*, ou *tom de sentimento*. Você não precisa de uma ampla experiência em meditação para desfrutar essas práticas. Pesquisas revelam que meditadores iniciantes podem se beneficiar tanto quanto aqueles que praticam a meditação há muito tempo.

Embora o tom de sentimento costume ser desconsiderado na meditação, ele é um dos quatro fundamentos originais da atenção plena. São eles: atenção plena do corpo e da respiração; atenção plena dos sentimentos e das sensações (ou *vedanā*); atenção plena da mente ou da consciência; atenção plena da natureza mutável do mundo e do que ajuda ou atrapalha sua jornada por ele. Cada um desses aspectos é cultivado por meio de um conjunto diferente de práticas que, somadas, produzem efeitos bem diversos na mente e no corpo. Os cursos de atenção plena se concentram na primeira camada de cada um desses quatro fundamentos. Este livro adota novas meditações sobre tons de sentimento de modo a acessar as camadas mais profundas dos quatro aspectos da atenção plena. São meditações que aproximam você de sua essência, de quaisquer dificuldades e, especialmente, de suas soluções.

Não há uma tradução precisa para a antiga palavra em sânscrito *vedanā*.[3]

É um tipo de consciência que só pode ser vivenciado, e não definido com exatidão. É a sensação, quase uma "cor de fundo", que matiza nossa experiência do mundo e da própria atenção plena. Por esse motivo, a palavra *vedanā* costuma ser traduzida como *tom de sentimento*. Vamos usar os dois termos alternadamente, e é sempre bom lembrar que estamos nos referindo a uma forma de consciência, não a um conceito rígido que pode ser limitado por palavras e definições. Tom de sentimento é algo que você sente na mente, no corpo e no espírito, mas sua essência real permanecerá meio indefinida – o que pode ser frustrante.

Uma típica meditação de tom de sentimento consiste em aquietar a mente com uma simples respiração ou meditação corporal e, em seguida, prestar atenção nas suas experiências de maneira sutilmente diferente do que é exigido por outras meditações. Ela pede uma concentração muito específica nos sentimentos e nas sensações que surgem no momento em que a mente inconsciente se cristaliza na mente consciente. Esses momentos, embora fugazes, costumam ser os mais importantes da vida. Isso acontece porque *vedanā* é o ponto de equilíbrio na mente que dá o tom para o fluxo de pensamentos, sentimentos e emoções que se seguem. Costuma ser sutil, mas se você prestar atenção vai senti-lo na mente, no corpo e no espírito – até mesmo nos ossos. O tom de sentimento tem profunda importância porque direciona os pensamentos, sentimentos e emoções que virão a seguir. Se ele for agradável, você se sentirá positivo, dinâmico e no controle da vida (pelo menos por um tempo). Se for desagradável, se sentirá meio triste, desanimado e sem forças. Meditações de tom de sentimento ensinam a ver, ou melhor, a *sentir* como o cotidiano está sendo guiado por forças que você quase não percebe. Às vezes essas forças agem de maneira favorável, outras vezes não – mas o principal é que não estão sob seu controle imediato. Sob a influência delas, seu dia a dia não lhe pertence.

Para ajudar essas ideias a se fixarem na mente, que tal tentar a prática a seguir para compreender os tons de sentimento? Se for conveniente, reserve uns momentos para olhar em volta: a sala, a janela, o interior do trem ou do ônibus, a rua, o campo ou a mata adiante. Conforme os olhos observam coisas diferentes e os ouvidos captam sons variados, você pode registrar a sensação sutil que cada um deles traz – agradável, desagradável ou neutra. Se estiver em casa, observe um cartão, um presente ou uma lembrança de um amigo muito querido. Você terá como resposta a sensação de aconchego de um tom de sentimento agradável. Mas, se olhar para a louça suja na pia ou para algo que pegou emprestado e ainda não devolveu, perceberá um tom de sentimento desagradável. Caso esteja ao ar livre, pode observar o sol atravessando a copa de uma árvore ou um pedaço de papel descartado voando por aí. Se conseguir captar os momentos, talvez sinta ondas de sentimentos agradáveis ou desagradáveis. E não é apenas o mundo externo que tem um impacto sobre você. Você também pode se dar conta das sensações do corpo – como dores e incômodos, ou uma percepção de calma relaxante. Essas ondas são perceptíveis nas mesmas dimensões de agradável, desagradável ou neutra. Com o tempo, você notará pensamentos ou emoções que surgem ou desaparecem logo após os tons de sentimento.

Você não precisa saber *como* identificar esses tons de sentimento – você apenas sabe. De alguma forma, existe na mente e no corpo um tipo de "leitor" que mede do agradável ao desagradável. É uma intuição. Não é necessário pensar ou buscar informações sobre o assunto – é como provar algo cujo sabor já conhecemos. Por exemplo, você não precisa pensar duas vezes para saber que leite azedo é desagradável.

Tons de sentimento são muito importantes. Lembra-se da última vez que esteve em um café e de repente se sentiu infeliz sem motivo palpável? Se você pudesse voltar no tempo e observar em detalhes o que estava acontecendo quando a sensação de infelicidade surgiu, perceberia que a emoção foi precedida por uma breve pausa. Como se a mente estivesse por um fio; um momento em que era possível detectar se aquela situação era *agradável*, *desagradável* ou *neutra*. Um momento de *vedanā*.

Vedanā, portanto, costuma ser um ponto de virada na mente que influencia como você vivencia o mundo no dia a dia. Pode ser de maneira boa, ruim ou indiferente. Mas o que acontece a seguir é de suma importância – o que chamamos de "pulsão de reatividade". Funciona assim: quando um sentimento agradável surge na mente, é natural querer retê-lo, por medo de que desapareça ou escape por entre os dedos. Se for um sentimento desagradável, é comum querer se livrar dele por medo de que permaneça e nunca mais vá embora. Já as sensações neutras costumam ser entediantes, por isso nos desligamos delas e partimos para algo mais interessante. Esses tons de sentimento são primitivos e podem desencadear uma sucessão de reações na mente e no corpo. Nós as experimentamos como emoções e desejos que nos induzem a reter os tons de sentimento agradáveis, afastar os desagradáveis e se desligar dos neutros. Ou seja, a pulsão de reatividade é a reação automática da mente aos tons de sentimento. Quando é o tom de sentimento que monta o cenário, a pulsão de reatividade seleciona os atores e o figurino e escreve o roteiro do que acontecerá a seguir. Ela pode criar um roteiro e dirigir uma cena capaz de acabar facilmente com o seu dia – e, às vezes, muito mais que isso.

Quase todas as dificuldades emocionais começam com a reação da mente aos tons de sentimento – a pulsão de reatividade. No entanto, o problema não é a pulsão em si, mas a ignorância de sua existência e de sua natureza. Costumamos não perceber quando ocorre, ignorando o tom de sentimento que a acionou e sua tendência a desaparecer por conta própria. Tudo que notamos é a enxurrada de pensamentos, sentimentos e emoções que vem depois.

Aprender a perceber os tons de sentimento – trazendo-os à luz –, além de facilitar a identificação do estado mental subjacente, ajuda a reconhecer suas sensibilidades, bem como suas impressões e reações naturais. Isso abre espaço para a resposta em vez da reação. E fará você aceitar com compaixão que, apesar de estressado, ansioso, raivoso ou deprimido *neste* momento, essa não é a totalidade de seu cotidiano. Não significa que haja um futuro sombrio à sua espera. Você sempre pode mudar de direção. Futuros alternativos estão igualmente ao seu dispor.

Conectar-se com um futuro alternativo é tão fácil quanto sentir o fluxo subjacente dos tons de sentimento. Ou perceber a pulsão de reatividade; notar que o problema está no *desejo* de que as coisas sejam diferentes; desejar o fim dos sentimentos desagradáveis, a permanência de sentimentos agradáveis e acabar com o tédio. São ideias comuns a muitas tradições antigas, agora com o aval da neurociência.

Por que cultivar a percepção dos tons de sentimento das emoções, das lembranças e dos pensamentos?

Pensamentos, sentimentos, lembranças e emoções não são o problema, por mais que sejam desagradavelmente reais e viscerais. Emoções são sinais de que algo significativo requer sua atenção:

- Sentimos tristeza quando perdemos algo ou alguém importante.
- Sentimos medo quando uma ameaça aparece no horizonte.
- Sentimos raiva quando um objetivo é frustrado.
- Sentimos preocupação quando precisamos ser hábeis para resolver um projeto de longo prazo.

De muitas formas, o problema real é a pulsão de reatividade desencadeada pelas flutuações dos tons de sentimento subjacentes. Isso cria uma narrativa tão convincente que ficamos presos em pensamentos, sentimentos, emoções e lembranças e não conseguimos escapar deles.

Aprender a notar os tons de sentimento que precedem a pulsão de reatividade oferece uma informação extra. Sinaliza o exato momento em que pensamentos, sentimentos, emoções ou lembranças estão prestes a assumir o controle de maneira caótica. O programa que apresentamos ensina a identificar esses momentos para que você tome as rédeas e abandone velhos hábitos destrutivos. Vai ajudar ainda a redescobrir a calma, o vigor e a alegria que moram dentro de você.

COMO ESTE LIVRO PODE AJUDAR?

Nosso livro anterior, *Atenção plena (Mindfulness)*, tornou-se uma referência porque ajudou muitas pessoas a se libertarem do sofrimento físico e emocional. Nele, fomos francos em relação aos benefícios da atenção plena e alertamos os leitores de que a jornada não seria rápida nem fácil. Pedimos que se certificassem de estar no momento certo da vida para começar as práticas e destacamos que precisariam reservar um tempo todos os dias para realizá-las. Apesar desses alertas, centenas de milhares de pessoas – talvez milhões – concluíram o programa do livro (ou os cursos baseados nele). Muitas dessas pessoas ficaram tão fascinadas pelos efeitos da meditação que quiseram ampliar e aprofundar as práticas. Talvez você seja uma delas. Se quiser ir além do programa de oito semanas que ensinamos no livro *Atenção plena (Mindfulness)* ou de nossos cursos de meditação MBCT ou MBSR, e ampliar sua prática para absorver muitos benefícios, este livro é ideal para começar.

Pode ser que você tenha reconhecido a utilidade do livro *Atenção plena (Mindfulness)* ou dos cursos de meditação, mas não tenha ido longe o bastante para abandonar por completo hábitos negativos ou destrutivos. Talvez tenha vislumbrado a liberdade, mas a perdeu de vista na correria diária e agora quer recuperá-la. Ou talvez as habilidades de atenção aprendidas em cursos ou por meio de livros não tenham funcionado e agora você quer tentar uma abordagem diferente. Caso se identifique com alguma dessas situações, este livro irá ajudá-lo.

Em *Atenção plena profunda*, e nas meditações que acompanham este livro, vamos mostrar o programa Tom de Sentimento. Não é uma simples continuação do nosso primeiro livro ou de outros cursos e aulas de meditação. Esse novo programa levará sua prática para uma direção ainda mais proveitosa. Não ter experiência em meditação não é motivo para desanimar. Um estudo provou que esse programa é eficaz para meditadores experientes e novatos, inclusive para aqueles que procuram uma combinação entre rigor científico e sabedoria milenar.

Se você está entusiasmado para começar esse novo programa de meditação agora mesmo, sugerimos que vá para o Capítulo 4. Caso queira saber mais sobre as ideias que são a base do programa, vá para os Capítulos 2 e 3. A prática de reconhecer os tons de sentimento, como a da atenção plena, se torna ainda mais significativa quando você compreende como e por que os diferentes tipos de meditação funcionam.

Também é útil (e fascinante) explorar os níveis mais profundos do funcionamento da mente e compreender as raízes da ansiedade, do estresse, da depressão, da exaustão e de outros problemas. Quer você leia esses capítulos primeiro ou na ordem do sumário, o resultado será o mesmo. Os últimos oito capítulos (5 ao 12) contêm o programa semanal.

Desejamos sucesso em sua jornada.

Os links para meditações podem ser encontrados nos quadros "Práticas para a semana" nos Capítulos 5 a 12. Sugerimos que leia as instruções de meditação conforme descritas no livro antes de ouvir as versões em áudio e seguir as orientações.

CAPÍTULO 2

Por que ficamos tão exaustos?

Zoe olhava sem expressão para a tela do computador. Inerte. Ela é líder de equipe de um grande centro de distribuição de um varejista de roupas on-line. Como ela mesma admite, não há nada de satisfatório em trabalhar no depósito. A empresa exige perfeição, o que muitas vezes diverge de seus outros objetivos declarados de velocidade e eficiência. Com o crescimento rápido, nunca há pessoal suficiente, o que significa que Zoe muitas vezes tem que fazer o trabalho dos outros em paralelo ao seu. Quando isso acontece, todo mundo (menos Zoe) gosta. Ela é tão competente que muitos de seus colegas a procuram quando têm problemas, em vez de resolvê-los sozinhos. No passado essa situação fazia Zoe se sentir importante. Agora a deixa exausta e irritada. Ela começou a procrastinar, e parecia um computador sobrecarregado ameaçando travar. Os episódios de vazio mental e irritação começaram a ocorrer com muita frequência e foram piorando. Às vezes ela se pega pensando: *Nossa, isso deveria ser fácil. Por que será que toda hora eles mudam as coisas? Não consigo mais acompanhar. Será que sou eu? Talvez eu não seja tão rápida ou esperta quanto era antes. Tudo é tão dinâmico. Por que estou cansada o tempo todo? Por isso não consigo ter uma vida... não tenho tempo nem energia para lidar com tudo... sempre muito cansada para encarar tudo isso.*

Zoe tomou outro gole do café forte que a empresa distribuía à vontade. O telefone tocou. Era o chefe pedindo que reagendasse a reunião das duas horas, o que exigia a reorganização da agenda de outras seis pessoas. Ao mesmo tempo, um alerta apareceu na tela do computador

– a equipe do depósito estava com o trabalho atrasado e precisava da ajuda do pessoal do escritório para separar e embalar itens para entrega. Ela anunciou o problema pelo sistema de comunicação interno. Na mesma hora, a escola de sua filha pequena, Megan, ligou para avisar que ela estava com febre alta e que Zoe precisaria buscá-la mais cedo, porém seu carro estava no conserto e só ficaria pronto bem mais tarde. "Pelo amor de Deus!", exclamou ofegante. Sua mente se esvaziou, e da janela ela olhou para o depósito. Robôs colaborativos corriam de um lado para outro, pegando e embalando pedidos. *Eles vão ficar tão bons quanto nós*, ela pensou. *Os únicos que poderão se concentrar exclusivamente no trabalho.*

O desânimo aumentou ao lembrar que o depósito havia sido reorganizado da noite para o dia e que os trabalhadores humanos agora ajudavam os robôs a fazer o trabalho deles. O medo do futuro estava se tornando central na vida de Zoe e tirava seu sono: *Só vai piorar. Como nossos filhos vão lidar com isso? Não haverá empregos, muito menos bons. Eles não vão conseguir comprar uma casa. Todo o dinheiro ficará nas mãos dos barões da tecnologia; para nós só restarão migalhas. Seremos como ratos para aqueles que estiverem no topo...* Zoe estava chegando ao ponto em que só conseguia relaxar e dormir depois de duas taças de vinho.

A história de Zoe está longe de ser a única. Ela se sentia sobrecarregada, e sua vida havia sido tomada pela ansiedade e por uma sensação persistente de infelicidade. Zoe queria desesperadamente ser feliz e ter tempo e energia para si mesma e sua família, mas não tinha ideia de como realizar esse desejo. Embora, em termos clínicos, não estivesse estressada, deprimida ou esgotada, tampouco estava estimulada ou feliz. Ela apenas sobrevivia, em vez de viver.

Se você pedisse a Zoe que examinasse o que acontecia com sua mente quando se sentia "estressada e acelerada", ela perceberia que as exigências contínuas do trabalho, combinadas com seu ritmo frenético de vida, estavam sobrecarregando sua mente, deixando-a confusa. Viver em moto contínuo dava uma sensação de eficiência, mas por dentro estava desmoronando. Isso não é surpresa. Lidar com tantas demandas de uma só vez cobra um preço alto, embora você não perceba. Experimente o exercício a seguir e veja por quê:

> Cronometre o tempo que vai levar para ler os dois primeiros versos desta canção infantil:
>
> *Mary tinha um carneirinho,*
> *Cuja lã era branca como a neve.*
>
> Quanto tempo levou para ler essas 11 palavras? Quatro segundos? Agora cronometre enquanto conta até 11.
> Também levou 4 segundos? Foram aproximadamente 8 segundos para ler os versos e contar até 11.
> Agora feche os olhos e veja quanto tempo leva para, de maneira alternada, dizer as palavras e os números. Exemplo: *Mary-1; tinha-2; um-3* e assim por diante.
> Quanto tempo levou? Dezesseis a vinte segundos?

O tempo adicional usado para alternar entre as palavras da canção infantil e os números de um a 11 é o chamado "custo de troca". Leva-se mais tempo porque é necessário ter em mente onde se está na sequência alternada entre as palavras e os números, ao mesmo tempo que se combate a tendência de completar a sequência onde se está. Ou seja, quando você diz "lã", automaticamente quer continuar com "branca", em vez de dizer "sete". Muito do custo de troca resulta do que é conhecido como "inibição de retorno" – o foco mental necessário para impedir que a mente retorne para a tarefa anterior. Inibir uma tarefa e começar outra – muitas vezes seguidas e por várias horas – consome tempo e energia mental. Agir no modo multitarefa nos dá a sensação de estar fazendo muitas coisas ao mesmo tempo, quando na verdade estamos pulando de uma tarefa para outra de maneira ineficaz. E quanto mais complexa a tarefa, mais ineficiente a troca se torna. De acordo com alguns estudos,[1] podemos levar 20 minutos para voltarmos a nos concentrar em uma tarefa complexa depois de uma interrupção – às vezes mais. Pular entre tarefas traz outra consequência muito negativa. Conforme os anos passam, sua mente pode se tornar cada vez mais superficial. O intervalo de atenção começa a diminuir; talvez você se torne exímio em trocar de tarefas, mas menos eficaz na hora de se concentrar nelas. Ao focar menos, precisa pular entre tarefas com mais frequência, o que implica mais lentidão, já que todas brigam pelo espaço cada vez menor de sua mente.

Há também um custo emocional. Quando a energia mental finita é canalizada para a difícil mudança de uma tarefa para outra, tais interrupções fazem você se sentir irritável e sem paciência. Há o risco de precisar desse pequeno ímpeto de energia raivosa para voltar à atividade interrompida. Isso é estressante. Essas mudanças podem ficar gravadas no cérebro, fazendo com que você sinta raiva mais rápido e menos disposição para sorrir.

Esses problemas não se limitam ao trabalho. Cuidar da família e manter um lar funcionando eram consideradas atividades importantes. Agora foram deixadas quase de lado. Manter uma vida social está cada vez mais difícil e ter algum tempo livre para si é quase impossível. Mesmo que você consiga, pode ser interrompido pela chegada de um e-mail do chefe ou por notificações da agenda, de uma rede social ou de um site qualquer. Algo simples como ver a hora no celular pode levar nossa atenção para uma longa lista de mensagens. Cada uma delas rouba um momento do cotidiano – e tentar ignorá-las ou suprimi-las não é a solução.

Nenhuma dessas situações é uma dificuldade em si, mas, se combinadas, podem se tornar um grande problema, pois há muito por fazer e pouco tempo disponível. Vem daí a sensação de se estar sobrecarregado e esgotado. Não surpreende que você termine o dia se sentindo estressado e à beira de um colapso.[2]

Embora essa sensação seja angustiante e exaustiva, para virar um caso clínico de ansiedade, estresse ou depressão é preciso algo mais: o chamado *entrelaçamento*, quando ficamos tão emaranhados na dificuldade que não conseguimos ver saída, por mais que tentemos. Começa-se a pensar demais, remoendo pensamentos envoltos em negatividade.

As sensações negativas não são o problema – são os sintomas. A maneira como se entrelaçam para aprofundar e prolongar o sofrimento é a raiz de suas dificuldades. As sensações se acomodam e se apoiam entre si. Elas podem se tornar tão entrelaçadas que um pensamento triste desencadeia outro, em um círculo vicioso que arrasta junto os sentimentos, os níveis de energia de seu corpo e a motivação para atividades que possam lhe dar a força necessária para reagir.

Processo idêntico é válido para os pensamentos negativos. Pensamentos ansiosos desencadeiam mais pensamentos ansiosos. Estresse desencadeia estresse. Cada espiral de negatividade começa a agir como uma teia pegajosa, que captura mais sentimentos desconfortáveis e se fecha cada vez mais. Quanto mais você se sente perturbado, sobrecarregado e angustiado pela falta de tempo, mais difícil é parar de trabalhar, de se preocupar e de ficar remoendo situações ruins. Sensações entrelaçadas costumam assumir a forma de perguntas negativas que raramente têm uma única resposta: *O que está acontecendo comigo hoje? O que fiz de errado? Por que sempre cometo os mesmos erros? Por que não consigo dar conta de tudo que preciso fazer? Eu deveria ser feliz... por que não sou?* Parecem perguntas comuns, mas, se prestar atenção, você verá o que realmente são: a voz de seu crítico interno dizendo *Há sempre algo errado, você sempre comete erros, você deveria estar feliz.*

O crítico interno ataca dos bastidores, exige perfeição e ordena que você se esforce ainda mais, custe o que custar. Ele alerta contra as fraquezas, se preocupa com seu futuro e traz à tona seus fracassos do passado. Primeiro prende você, depois o entrelaça a seus pensamentos sem mostrar a saída. Essas sensações negativas podem ficar incontroláveis, levando a uma agitação crescente conforme sua mente vai caindo numa espiral sem controle. Talvez você se torne raivoso e agressivo e até entre em brigas verbais ou físicas. Se essa agitação continuar, você pode ficar exausto de lutar e perder toda a esperança, afundando no desespero e talvez até na depressão.

Sensações de ansiedade, estresse, infelicidade e exaustão podem se entrelaçar de tal maneira que criam um foco de dor na sua essência. Esses entrelaçamentos são estimulados por uma característica fundamental da mente, que inclui tons de sentimento e pulsões de reatividade. Novas pesquisas mostram como isso acontece – e o mais importante, apontam para uma saída.[3] Por ser algo complexo, uma analogia pode ajudar.

Vamos relembrar a cachorrinha que só corria em pequenos círculos. Você pode ter se perguntado: *Como ela não percebia todo aquele espaço?* Embora estivesse ao seu redor, ela não conseguia ver. Estava presa em um padrão de comportamento originado de sua sensação de aprisionamento – e essa percepção era tão generalizada que ela não encontrava uma saída, ainda que fizesse o seu melhor e tivesse uma rota de fuga bem à sua frente. O mesmo acontece conosco. Ficamos cada vez mais emaranhados no cotidiano, até não conseguirmos mais trilhar um caminho para a liberdade. Mesmo o sofrimento mental moderado pode se tornar tão exaustivo que não nos permite escapar, por mais que tentemos. Esse entrelaçamento, apesar de doloroso, faz parte da tentativa da mente de se libertar do sofrimento. Quando seu crítico interno ataca, quer dizer que está fazendo o possível para ajudar. Mas muitas vezes esse auxílio não traz bons resultados graças a uma característica curiosa de nossa mente quando nos agitamos, trabalhamos e nos sobrecarregamos demais.

Para entender a origem desse entrelaçamento, precisamos analisar novas descobertas da psicologia e da neurociência. Embora os detalhes ainda estejam em estudo, está claro que a maneira como percebemos e sentimos o mundo é bem diferente do que se acreditava – e isso tem profundas implicações para o nosso entendimento das origens de nossos pensamentos, sentimentos e emoções (e também para muitos problemas de saúde mental). Quando essas novas ideias se incorporam às práticas de atenção plena, aumentam seus benefícios. Elas podem ser um pouco complicadas de entender porque vão contra a nossa intuição. Então, fique conosco enquanto explicamos. Depois disso, tudo fará sentido, e grande parte do estresse que permeia seu dia a dia começará a evaporar à medida que colocarmos esses princípios em prática.

A NOVA PSICOLOGIA DA MENTE: PROCESSAMENTO PREDITIVO

Ter a consciência do momento presente exige uma quantidade imensa de energia mental. Isso ocorre por causa do grande número de informações fluindo de nossos sentidos, que precisam estar coordenados e integrados para que possamos ter consciência do mundo, tomar decisões e agir de acordo com elas, em tempo real, no *momento presente*. Dada a complexidade dessa tarefa, era de esperar que tudo – caminhar por uma rua apinhada de gente, evitar acidentes nas estradas ou até pegar uma bola – fosse extremamente difícil. Mas a natureza driblou esse problema ao nos dar um cérebro que prevê o futuro. Ele formula um modelo de mundo "simplificado" que sempre se renova e é enriquecido com informações enviadas pelos sentidos. O que vivenciamos como momento presente é uma ilusão surpreendentemente realista criada pela mente, chamada de *simulação*, e o processo que se apoia nela é conhecido como "processamento preditivo".[4] O processamento preditivo funciona "adivinhando" qual informação os sentidos estão prestes a enviar para o cérebro. Não vemos o mundo real; vemos o que a mente acha que o mundo será. Nem ao menos ouvimos de verdade, experimentamos os sons que a mente acredita que estão por vir. O mesmo vale para os outros sentidos. A mente prevê o que vamos degustar, sentir e cheirar. Na prática, é essa previsão – ou simulação – que experimentamos, não o mundo "real".

Esse é um processo bastante complexo, mas uma simples analogia nos ajudará a entender melhor: se você estiver falando de política no Brasil e alguém mencionar Congresso N..., você logo vai adivinhar a palavra seguinte (Nacional). Por ter *previsto* a palavra, você nem precisou *ouvi*-la. Em vez disso, aproveita o momento para captar o significado da frase completa. Essas previsões tornam a percepção e as reações mais fluidas, porque o mundo costuma ser previsível. Conforme já explicamos, não criamos uma previsão para um sentido apenas, mas para todos, ao mesmo tempo. Formulamos um modelo global que incorpora visões, sons, cheiros, sabores e sensações. Esse modelo é sempre atualizado, a cada momento, e inclui quaisquer divergências em relação à "realidade" externa; percorremos o mundo criando e atualizando – prevendo e verificando – essas realidades. Se nossas verificações mostrarem que cometemos um erro (ao empurrarmos ao invés de puxar a porta da loja, por exemplo), começaremos a prestar mais atenção no fluxo *real* de dados que chegam de nossos sentidos e incorporaremos as correções necessárias ao modelo. A mente executa muitas variações diferentes do modelo ao mesmo tempo, e cada uma delas é continuamente confrontada com a realidade para que qualquer divergência seja percebida. A variação mais exata "vence" e se torna um momento na simulação que experimentamos.

Conforme avança pelo tempo, cada momento na simulação se baseia no anterior. A cada variação do modelo, todos os dados recebidos por meio dos sentidos são comparados ao modelo atual mais exato, junto com incontáveis variações dele. E, mais uma vez, o modelo mais exato "vence" e serve como base para a próxima variação. Portanto, cada modelo gera outros, que se abrem para o futuro, aos poucos divergindo dos anteriores. Na prática, a maioria das informações que fluem pela mente forma um tipo de "diálogo interno" – previsões geradas internamente que são complementadas com dados dos nossos sentidos, e a mais exata é incorporada à simulação.

Até a visão é uma simulação

As partes especializadas do cérebro que lidam com a visão são conhecidas como V1, V2, V3, V4, V5 e V6. Elas trocam informações entre si o tempo todo para criar a experiência de enxergar. A V1 é chamada de córtex visual primário porque é o primeiro porto de escala das informações recebidas dos olhos. Você poderia supor que a maioria das informações que fluem para V1 vem apenas dos olhos – afinal de contas, são eles que enxergam. Não é o caso: outras áreas do cérebro enviam um número maior de informações para V1. Segundo algumas estimativas, o cérebro manda para essa parte do córtex visual dez vezes mais informações que os olhos.[5] Assim, ao fechar os olhos e imaginar um objeto (digamos, uma laranja) ou uma cena, como o seu primeiro beijo, o cérebro está enviando informações a V1 para que consiga visualizá-lo. Os olhos de sua mente estão usando a visão do cérebro para criar imagens. Esses dados "de cima para baixo" que fluem para o centro visual do cérebro são usados para prever o que está prestes a ser visto, que por sua vez é confrontado com as informações dos olhos; ou seja, isso também é a simulação da visão, e não a própria visão "cinemática" do olho. Você não está olhando passivamente para o mundo; está construindo um mundo que é confrontado com a realidade a cada momento.

Não é apenas a visão que funciona dessa forma: isso vale para todos os sentidos. E eles são combinados com as informações sobre o estado do seu corpo e com seus pensamentos, sentimentos e emoções para criar um estado de espírito geral. E tudo isso oscila a cada momento, subindo e descendo, como as ondas no mar.

Esses modelos internos, além de rápidos, são econômicos. Eles reduzem de maneira radical o esforço necessário para dar sentido ao mundo e nos presenteiam com o espaço mental para pensar e fazer escolhas criativas. O cérebro faz isso ao registrar somente as diferenças entre o que seus sentidos estão recebendo e o que você esperava que eles recebessem. Esse mecanismo limita a quantidade de informação que precisa ser armazenada e processada na mente. Vamos usar outra analogia para ajudar na explicação: serviços de *streaming* como YouTube e Netflix fornecem vídeos em alta definição rápidos e econômicos porque são muito eficientes na compactação dos dados dos vídeos. Eles fazem isso de maneiras conceitualmente semelhantes a como a mente cria simulações. No passado, emissoras de rádio e televisão mandavam todos os dados necessários para compor apenas um quadro de um filme e faziam isso de cinquenta a sessenta vezes por segundo. O que significava que só podiam transmitir imagens em baixa resolução, com uma quantidade limitada de cores e sons. Serviços de *streaming* adotam uma abordagem diferente: enviam somente as diferenças entre os quadros sucessivos dos filmes. Eles podem fazer isso porque as diferenças costumam ser pequenas. Imagine a cena de um filme com um carro esportivo vermelho passando por uma estrada. A única coisa que muda de um quadro para outro é o movimento, relativamente pequeno, do carro ao longo da estrada. O formato e a cor são quase os mesmos, assim como o céu e o cenário desértico. Elementos essenciais do filme também podem ser armazenados em um "cache" pronto para ser reutilizado mais tarde (um cache é uma área especializada e muito rápida da memória que armazena informações acessadas com frequência). Na prática, isso significa que, com a mesma largura de banda, um serviço de *streaming* pode enviar um filme de ultra-alta definição, com milhões de cores e som *surround* em 3D.

O cérebro faz algo semelhante com as informações sensoriais, junto com pensamentos, sentimentos, emoções e conceitos mais comuns. Ele tem um cache que armazena nossas principais experiências e as prepara para ser reutilizadas em nossa simulação. Imagine que você está caminhando pelo parque de seu bairro em um belo dia ensolarado. Você esteve no local dezenas de vezes e o conhece em detalhes. Já viu os raios de sol através das folhas das árvores em incontáveis momentos; conhece o cheiro da grama, o som das crianças brincando nos balanços, os cães latindo e o ruído dos carros a distância. Sabe como é andar por aquele chão, conhece as sensações da luz do sol em sua pele e do ar fresco quando o inspira. Você sabe tudo que precisa sobre o parque para reconstruí-lo com precisão em sua mente. E se houver algumas lacunas, a mente é perfeitamente capaz de preenchê-las e formular uma experiência impecável. Você não precisa estar no parque para vivenciá-lo. A mente apenas precisa das informações sobre parques armazenadas em sua memória de longo prazo. Elas podem ser carregadas no cache quando necessário e usadas na simulação mental da realidade. As chances são de uma precisão de quase 100% – o suficiente para você aproveitar a caminhada.

O cache não é apenas uma memória rápida que permite reconstruir lugares já visitados. Seus conceitos centrais podem ser usados para simular novos lugares e experiências. Ou seja, quando você visita um parque novo, reutiliza na nova situação as informações referentes ao parque do seu bairro. Na verdade, você está experimentando seu antigo parque enquanto visita um novo. O mesmo processo vale para qualquer situação. Quando você se vê diante de algo novo, um olhar rápido costuma ser suficiente para desencadear memórias no cache usadas para preparar a simulação e formular um "modelo rápido e desordenado". O cache é refinado e atualizado conforme os sentidos mandam novas informações para a mente. Uma visita a um parque novo começa como uma simulação do parque de seu bairro, mas conforme as novas informações chegam, as diferenças começam a ser notadas e então incorporadas em seu modelo global.

As visitas a um parque bonito ficam guardadas na memória, bem como os pensamentos, os sentimentos e as emoções negativas. O cache tende a armazenar as experiências recentes mais marcantes, junto com os pensamentos, os sentimentos e as emoções mais fortes. E, infelizmente para nós, os mais marcantes e prementes são os mais negativos. Ou seja, eles têm maiores chances de ser revividos em sua simulação. É mais provável lembrar de pensamentos ansiosos, estressantes e infelizes do que dos positivos ou neutros. Então os pensamentos com a maior probabilidade de serem carregados no cache e de estarem prontos para aflorar são: *Por que tudo é tão difícil? Estou exausto. Ninguém está colaborando. Todos esperam que eu resolva tudo por eles. Estou cansado de não ser reconhecido*. O mesmo ocorre com os sentimentos e as emoções, bem como com as reações verbais e físicas e até as agressões. Emoções sombrias e amorfas como ansiedade, estresse, raiva e infelicidade estão no começo da fila. E como tudo está entrelaçado, até aqueles poucos pensamentos negativos podem desencadear uma torrente e acionar outras emoções negativas poderosas. Enquanto isso, essas emoções também provocam mudanças físicas no corpo: dores no pescoço e nos ombros, latejamento na cabeça e até aquele frio na barriga podem se transformar em doença.

Nada disso significa que a angústia seja excessiva ou falsa. Também não quer dizer que você tenha reações exageradas, seja sensível demais ou "fraco". Se você se sente triste, é porque está triste. Se sente ansiedade, exaustão ou raiva, se está estressado, é porque de fato está vivenciando essas angústias. Suas previsões *são verdadeiras para você*. A simulação *é* a realidade.

Por mais dolorosas que sejam, essas sensações angustiantes também são de esperança, pois logo você descobre que elas não são sólidas, reais e inalteráveis. Que algo puro e simples está por trás delas. Algo entre nossa essência e a experiência do mundo, que oscila a cada instante. Entre momentos agradáveis, desagradáveis ou neutros – ou seja, os tons de sentimento do momento. São eles que guiam os pensamentos, os sentimentos e as sensações físicas subsequentes, assim como as reações. Também preparam a mente para criar um mundo positivo e edificante, sombrio e assustador, ou um meio-termo.

Uma vez feito o contato com o fluxo subjacente dos tons de sentimento, algo incrível pode acontecer. Apenas prestar atenção neles, cumprimentá-los carinhosamente, enquanto oscilam, já é suficiente para que todos os entrelaçamentos se desfaçam sozinhos. Inclusive seus pensamentos, suas emoções e seus sentimentos mais sombrios vão começar a se dissolver. Sua mente começa a clarear, deixando você livre para experimentar um mundo com toda a alegria sensorial.

Tons de sentimento dos modos Atuante e Existente do corpo e da mente

Em nosso livro anterior, *Atenção plena (Mindfulness) – Como encontrar a paz em um mundo frenético*, explicamos que muitas de nossas dificuldades advêm da tentativa de resolver problemas emocionais usando a lógica. Isso ocorre porque, quando tentamos solucionar uma dificuldade emocional, uma das ferramentas mais poderosas da mente, o pensamento crítico e racional, é acionada por meio do modo Atuante da mente: uma forma lógica e racional de abordar o mundo, de pensar e resolver problemas. Esse recurso útil e poderoso se destaca na solução de problemas – ao organizar a agenda de trabalho, percorrer uma cidade, estabelecer cadeias logísticas e encontrar soluções. O modo

Atuante funciona reduzindo aos poucos a distância entre onde você está e onde quer estar. Ele faz isso de forma subconsciente, dividindo os problemas em partes e resolvendo cada uma delas na imaginação por meio de modelos mentais. E a solução é analisada de novo para você verificar se está perto de seu objetivo.

Mas, quando se trata de emoções, essa abordagem pode falhar, porque exige concentração na distância entre como você se sente agora (infeliz) e como gostaria de se sentir (feliz). Concentrar-se na distância a realça, ressalta, amplia, além de torná-la totalmente dominante. Dessa forma, uma dificuldade emocional é convertida em um problema lógico que requer solução, levando você a formular perguntas difíceis e críticas como: *Por que não consigo controlar essa situação? O que há de errado comigo? Onde foi que errei? Por que sempre cometo os mesmos erros?* Essas perguntas, além de duras e autodestrutivas, exigem que a mente forneça evidências para explicar o descontentamento. De maneira muito rápida, a mente pode produzir uma lista de motivos para explicar por que você não consegue controlar uma situação, continua a cometer os mesmos erros e o que deu de errado no seu dia a dia. E isso é incorporado aos modelos mentais.

Usar o modo Atuante dessa forma é desastroso, porque as emoções não são sólidas e inalteráveis e, portanto, não podem ser resolvidas de maneira concreta e lógica. Não são problemas a ser solucionados, mas mensagens a ser sentidas. Uma vez que é entregue (sentida), a mensagem cumpre seu papel e tende a desaparecer como a névoa em uma manhã de primavera. Isso vale para todos os nossos sentimentos e emoções mais problemáticos, mesmo que sejam ansiedade, estresse, infelicidade, raiva ou exaustão. Embora não haja nada de errado com o modo Atuante, ele pode se tornar um problema quando se descontrola e se oferece para dar conta de algo que não é capaz de fazer, como resolver um problema emocional. Nesse momento, entra num ciclo interminável e se transforma no modo Atuante Conduzido (que chamamos de modo Conduzido), quando você fica atolado em pensamentos, preso na sua simulação. O cache de sua mente e o processador preditivo se tornam tão integrados que você vivencia as mesmas coisas repetidas vezes: os mesmos pensamentos, sentimentos e emoções. O modo Conduzido é sintoma de uma mente sofredora.

Sinais do modo Conduzido
O modo Conduzido tem sete características principais:

- **Distração:** Você tem dificuldade de manter a mente concentrada em apenas uma coisa. Sua atenção é facilmente desviada por tudo ao redor ou por seus próprios pensamentos, lembranças ou devaneios.
- **Crítica:** Você entra em uma batalha com a mente, se torna crítico e indelicado consigo mesmo, além de menos tolerante com os outros.
- **Emoção:** Você se deixa levar pelo corre-corre do cotidiano e não percebe quando suas emoções se descontrolam. Pode ter um colapso emocional sem aviso prévio.
- **Desequilíbrio:** Você fica à mercê dos sentimentos. Quando tenta resistir a algo negativo, ele se intensifica e se torna ainda pior; quando tenta desfrutar dos positivos, eles escapam pelos dedos e você aprende a ignorá-los ou desprezá-los para evitar decepções futuras.
- **Reatividade:** Você fica exausto porque a mente exige ações que nunca são tomadas, ao mesmo tempo que a energia do corpo é drenada por planos e estratégias imaginadas.
- **Evasão:** Você reprime, evita ou tenta escapar até mesmo das menores dificuldades porque seu humor está péssimo.
- **Tristeza:** Você tem dificuldade em resolver as coisas ou encontrar sentido na vida. Para focar nas preocupações, a mente abafa tudo o mais, até mesmo os estados mentais positivos, como felicidade e alegria.

Não é possível deter o fluxo de pensamentos, sentimentos e emoções negativas, mas há maneiras de evitar o que aconteceria em seguida. Você pode impedir que o círculo vicioso se retroalimente, desencadeando ondas sucessivas de negatividade, e utilizar uma maneira alternativa de se relacionar consigo mesmo e com o mundo. A mente pode fazer muito mais que apenas analisar logicamente os problemas. Você pode se dar conta de que está pensando e se conectar diretamente com o mundo, usando os sentidos. Pode experimentá-lo sem que seu cache mental atue como filtro de distorção. Essa consciência pura é conhecida como o modo Existente.

O modo Existente permite sair da tendência natural da mente de pensar, analisar e julgar de forma exagerada. Ao longo do tempo, as pessoas aprenderam a cultivar esse modo por meio da meditação. E esse caminho leva o processo mais longe ao ir contra a corrente até o momento em que você reconhece seu pensamento, seu sentimento, sua sensação. Momentos de *vedanā*. Momentos de clareza que, no final, vão libertá-lo.

Um estado mental Conduzido pode ser penoso, mas suas sete características tendem a servir de portais para o mundo dos tons de sentimento. E são esses portais que exploramos e dominamos nos capítulos práticos de *Atenção plena profunda*.

CAPÍTULO 3

Quadro a quadro

O ano é 1877 e o fotógrafo, o inglês Eadweard Muybridge.[1] A discussão, que já dura séculos, é se em algum momento, enquanto um cavalo galopa, as quatro patas saem do chão ao mesmo tempo. Para solucionar a dúvida, foram posicionadas doze câmeras ao longo de uma pista de corrida de cavalos em Palo Alto, Califórnia, com fios amarrados ao longo do circuito diante de cada câmera. Conforme o cavalo passava, arrebentava os fios e fazia disparar cada câmera. Quando as fotografias foram reveladas, mostraram a resposta. E, sim, havia um pequeno momento em que o cavalo flutuava no ar. O uso dessa nova tecnologia de câmeras cuidadosamente posicionadas permitiu que Muybridge captasse uma nova visão, quadro a quadro, algo nunca visto antes.

ESTE LIVRO É UM CONVITE para você adotar uma abordagem semelhante com as atividades de sua mente e de seu corpo. Preste atenção no que o corpo está sentindo no momento presente, no que *realmente* está vendo, ouvindo, tocando, saboreando e cheirando. Enquanto isso, preste atenção no que a mente está fazendo. Ela está envolvida em uma tarefa, perdida em pensamentos, relembrando, planejando, sonhando acordada ou se preocupando? E o que acontece logo *depois* que qualquer sensação, pensamento, sentimento ou emoção surge? Analisar tudo isso quadro a quadro é descobrir um mundo novo, livre de simulações. Um vislumbre direto. Não se trata de uma ideia abstrata ou complexa. Sua qualidade de vida depende disso. Essas percepções momentâneas podem dar um valioso e antecipado sinal de alerta dos impulsos capazes de mudar radicalmente seu mundo. Elas também possibilitam que você sinta e dê margem a pensamentos, sentimentos e emoções que desencadeiam suas reações mais negativas, proporcionando um momento em que pode optar por responder em vez de reagir. E, como vimos nos capítulos anteriores, dentro de cada um desses momentos existe um elemento oculto. Na antiga Índia, e nas tradições dela originadas, isso era conhecido como *vedanā*.[2] Nós o conhecemos como tom de sentimento, ou a "sensação" de uma experiência.

O tom de sentimento é aquela primeira sensação de que algo é agradável, desagradável ou neutro. Não é um sentimento no sentido de uma emoção – uma tristeza profunda, um grande entusiasmo, uma preocupação agitada ou um relaxamento –, e sim uma sensação muito mais simples do prazer ou desprazer de uma experiência. É uma "sensação sentida" instantânea, automática e silenciosa. Você simplesmente *sabe* que ela apareceu. Não precisa julgá-la nem pensar sobre ela. Tem uma pureza simples.

No entanto, os tons de sentimento podem ser imprevisíveis. Não é possível saber de antemão a sua forma. Eles não existem nos objetos, mas surgem do contato deles com a mente e o corpo *e* seu estado naquele exato momento. Por exemplo, você pode gostar de bolo de chocolate, mas, se acabou de comer uma refeição pesada, até pensar nele pode ser desagradável. Se você estiver ocupado, a notificação de uma mensagem pode parecer uma perturbação desagradável, mas, se estiver se sentindo sozinho, essa notificação pode criar um tom de sentimento agradável. Esse cenário de contextos e humores sempre em mudança dificulta prever o que terá um efeito agradável ou desagradável. A única maneira certa de saber é prestar atenção no *agora*. E como os tons de sentimento surgem e vão embora com rapidez, pode ser difícil notá-los, a menos que você cultive intencionalmente a consciência deles. Percebê-los também é importantíssimo porque moldam o que acontece a seguir. Tons de sentimento agradáveis tendem a desencadear um desejo por mais momentos semelhantes. Tons de sentimento desagradáveis tendem a desencadear uma sensação de aversão, de querer afastar, de resistência. Os neutros encorajam o "desligar-se" – por exemplo, ao ler um livro, você pode se sentir entediado com um capítulo e querer pular para outro. Essas pulsões de reatividade, como são chamadas agora, são tão convincentes – e surgem tão rápido – que podem arrastá-lo para uma espiral de pensamentos antes de você perceber sua presença. Um momento desagradável, quando notado, pode levar em uma direção negativa capaz de durar horas, dias ou até mais que isso. Já quando surge um momento agradável, no afã de fazê-lo durar mais, você tenta agarrá-lo, para descobrir que ele está escapando por entre os dedos e desencadeando ondas de frustração e sentimentos de perda. Quem sabe até mesmo angústia existencial. Nesse sentido, tons de sentimento podem ser pontos de virada para a qualidade do próximo momento.

Embora você não consiga deter ou mudar os tons de sentimento, pode, sim, controlar o que acontece a seguir. A atenção plena pode se tornar um ponto de controle que permite interceptar quaisquer ondas de reatividade ou emoções negativas, antes que se tornem uma espiral descontrolada. Ela também impede que essas pulsões de reatividade dominem o dia a dia com toda a negatividade que trazem. Como diz o professor de meditação Joseph Goldstein, "A atenção plena do tom de sentimento é uma das chaves mestras que revelam e liberam os padrões mais profundos de nosso condicionamento".[3]

Esse é um conhecimento oculto – parte da tradição de sabedoria que influenciou a prática da meditação por milênios – mas raramente revelado. E seu verdadeiro significado só recentemente veio à tona. A neurociência descobriu agora a importância dessa "primeira impressão": ela é fundamental para todos os seres vivos. Assim como as plantas se inclinam na direção da luz do sol e as raízes se espalham na direção da água, todo ser vivo tem meios para discernir o agradável do desagradável. *Toda vida depende disso.*

Os tons de sentimento são imediatos e dependem de sensibilidades incorporadas em cada célula do corpo desde os primórdios da evolução. Até mesmo criaturas unicelulares são sensíveis a nutrientes e toxinas, o que lhes permite diferenciar uma coisa da outra.[4] Essa é a essência do *vedanā*. Ajudar todos os seres vivos a distinguir entre aquilo de que devem se aproximar (agradáveis) ou se afastar (desagradáveis) e encorajá-los a ficar quietos se tudo estiver bem (neutros). Sem essa sensibilidade, seriam como um barco sem leme, sem nada para afastar do perigo e levar a um porto seguro.

De muitas maneiras, *vedanā* marca a diferença entre vida e uma mera máquina.

Mas nós, humanos, temos uma dificuldade única e especial quando se trata de *vedanā*: a vida mental é tão complexa que podemos nos perder dentro dela. Pensamentos, lembranças e planos, que também carregam tons de sentimento, podem nos obrigar a fugir da mente. *E embora possamos fugir, nunca podemos escapar.*

Essa era a situação de Alice. Ela passou muitos anos dominada por dores mentais e físicas – uma dor inevitável oriunda de um momento no passado remoto.

Na adolescência, Alice era uma atleta promissora do salto em altura – uma habilidade que lhe trouxe consequências desagradáveis na vida adulta, quando desenvolveu dores crônicas nas costas. Mesmo convencida de que sabia a causa, foi encaminhada a um especialista e explicou ao médico que as dores eram resultado de um acidente que sofrera ao praticar salto em altura quando adolescente.

"Minha mãe era contra eu praticar esse esporte porque achava perigoso", disse ela. "Então eu fugia para ir às competições. Sou um espírito rebelde, sempre fui, e o campeonato municipal estava se aproximando, assim me inscrevi secretamente. E venci! Claro que minha mãe acabou descobrindo."

Alice conta que, naquela época, usava-se somente areia para amortecer a chegada ao solo, "e o meu salto da vitória me deixou com as costas muito machucadas. Eu pousei de maneira desajeitada e machuquei o cóccix. Desde então minhas costas me incomodam. O pior de tudo não era tanto a dor; era minha mãe me perturbando por causa do acidente. Até hoje, posso ouvi-la gritando: 'Você é a única responsável! A culpa é toda sua! Olhe para você – poderia ter destruído a sua vida!' Então, sempre que minhas costas doem, ouço minha mãe me culpando por ter me machucado. E ela estava certa. *Era* minha culpa. Fui contra a vontade dela e paguei o preço."

Quando o especialista analisou a tomografia, descobriu que o cóccix de Alice estava em perfeitas condições. A dor não tinha nada a ver com o acidente. E disse mais: "Você tem sido muito dura consigo mesma, e isso faz com que se sinta ainda pior. O modo como você vem se punindo emocionalmente tem ampliado a sua dor."

Embora a história de Alice seja bastante radical, serve para mostrar algo maior: o sofrimento físico e o mental podem piorar com as histórias que contamos para nós mesmos, acabando por nos levar a um entendimento completamente equivocado da verdadeira causa do sofrimento. Achamos que foi causado por algo específico (no caso de Alice, um cóccix machucado), mas pode ser o resultado de algo bem diferente. Esse estranho estado de coisas ocorre por causa da maneira como usamos as histórias a fim de dar sentido às nossas experiências – e para entendê-las, proporcionando-lhes um significado que é incorporado ao nosso modelo mental para nos ajudar a sobreviver e prosperar em um mundo complexo. Sob vários aspectos, somos máquinas de histórias. Dê a qualquer um de nós fragmentos de informações que em instantes traçamos uma comédia ou uma tragédia tão poderosa quanto qualquer drama shakespeariano. Isso não seria tão ruim se usássemos o tempo criando histórias positivas e inspiradoras, mas não é o que acontece. Costumamos fazer o contrário, porque a informação mais marcante, aquela armazenada em nosso cache mental, tende a ser negativa. E como diria qualquer diretor de Hollywood, as histórias mais atraentes tratam de dor, luta, medo, horror, tragédia e perda. Mas não são as histórias em si que "estragam" nosso bem-estar, e sim nossa reação a elas. A mente costuma reagir com exagero aos eventos e às histórias que eles inspiram. Como Alice, podemos acabar culpando a nós e aos outros por coisas que deram errado. Os pensamentos negativos podem desencadear uma sucessão de outros problemas, mergulhando a mente obcecada num círculo vicioso, alternando entre a raiva da autojustificativa e a dor da culpa. Um pensamento rapidamente desencadeia outro, e mais outro, até nos afundarmos em raiva, preocupação, estresse, infelicidade e exaustão. Esses são sinais de que o modo Conduzido sequestrou a mente (ver páginas 30-33).

Dessa forma, ecos do passado podem ter fortes repercussões, preparando o terreno para os problemas que virão. E, a menos que estejamos atentos, um acidente pode levar a uma autopunição implacável por termos cometido tal "erro". Falhar na escola pode trazer medo, ansiedade e estresse. Repreensões dos pais podem criar um mundo de dor psicológica.

O efeito disso tudo na dor de Alice era evidente para o médico, mas não para ela. Além de bastante desagradável, a dor física desencadeava pensamentos e sentimentos ruins: culpa, vergonha e raiva de si mesma e da mãe. Cada um desses sentimentos e pensamentos surgia com seu tom de sentimento desagradável, que se entrelaçava com a dor existente para agravá-la ainda mais. À medida que os tons de sentimento geravam um efeito cascata nos momentos seguintes, Alice ia se sentindo ainda mais aprisionada. Tudo que conseguia imaginar era um futuro dominado somente por dor e sofrimento.

Mas ainda existia uma centelha de esperança. Embora a dor de Alice trouxesse de volta todo o passado doloroso, piorando o incômodo, eram os tons de sentimento do momento *presente* que mantinham seu sofrimento. Isso é tão importante que precisa ser enfatizado: não é o passado que cria os problemas, mas como você reage a ele *neste exato momento*. O único poder que uma lembrança tem sobre você é o de influenciar os tons de sentimento – e suas reações a eles – no *momento presente*. E isso tem enormes implicações. Embora os tons de sentimento surjam a cada momento e não possam ser modificados, as reações nos momentos seguintes *são* potencialmente flexíveis. O sofrimento não precisa se disseminar no futuro. Futuros alternativos estão disponíveis para você.

Uma analogia pode ajudar a entender melhor toda essa questão. Voltando aos tempos de escola, lembro-me de um experimento em que limalhas de ferro espalhadas sobre um pedaço de papel eram movidas por um ímã posicionado bem abaixo dele. As limalhas dançavam como se tivessem vida. Os padrões que criavam eram lindos. Mas o que acontecia quando se tirava o ímã? As limalhas colapsavam em uma pilha sem vida. *Vedanā* é como esse ímã escondido, como um campo magnético fazendo a mente dançar ao som de sua melodia, assim como aquelas limalhas de ferro. Isso acontece porque os sentimentos gerados são tão atraentes que mal conseguimos tirar os olhos da história que está sendo contada na superfície. Não vemos as forças que estão criando a história e a mantendo viva. A sensação desagradável que nos invade não é um efeito colateral dos pensamentos e das lembranças dolorosas. Na verdade, ela os traz à tona. Ela é o mestre de cerimônias. Vamos falar mais sobre essa importante descoberta nos próximos capítulos, mas por enquanto basta saber que esses tons de sentimento em constante mudança são naturais e automáticos. Você não pode controlá-los. *Mas pode controlar o que acontece a seguir.*

Deixe o passado para trás

A evolução programou você para não gostar de tons de sentimento desagradáveis, por isso produz resistência – vontade de se afastar deles. Isso acaba gerando mais sensações desagradáveis. É essa espiral que alimenta a história e mantém o pensamento obsessivo.

Talvez você já tenha escutado de pessoas próximas, e até de seu terapeuta, "para deixar o passado para trás", mas nunca ouviu como de fato conseguir tal proeza. Entender o poder oculto do tom de sentimento é a chave. É o que você aprenderá a fazer ao longo das próximas semanas.

Relembre as descobertas do Capítulo 2 sobre o modelo mental de processamento preditivo do mundo. Ele se revela quando um tom de sentimento desagradável surge e desencadeia uma onda de sofrimento, que pode se expandir para o momento seguinte em decorrência de como o cache do cérebro armazena esse "pico de dor" e o prepara para ser reutilizado nos momentos seguintes. Ou seja, a sua experiência do momento por vir está sendo conduzida pelo cache – aprisionando você em um *loop*, provocando o sofrimento mais intenso dos momentos anteriores. Essa sensação desagradável se move como uma onda, com imagens sucessivas mantendo vivo o pico de dor e sofrimento. Mas é pior do que isso – porque desencadeia ondas de aversão e a necessidade correspondente de escapar.⁵ Isso tudo é desagradável e angustiante. E quando a angústia subjacente acaba se dissipando, o modelo mental não percebe que algo mudou; que a necessidade de escapar passou. A menos que os sentimentos e as sensações *atuais* sejam fortes ou exatos o bastante para cancelar os ecos dos momentos anteriores, sua experiência continuará baseada nos modelos mentais, e não nos dados atuais.

É aqui que a atenção plena entra em cena. Ela funciona renovando gentilmente o cache da mente. Isso permite ver o mundo como ele é, não como você espera ou teme que seja. É então que algo notável começa a acontecer. Você passa a sentir os tons de sentimento subjacentes que guiam todos os seus pensamentos, sentimentos e emoções e moldam tudo que você vê, ouve, saboreia e cheira. Surge, portanto, a sensação de ter mais escolhas. De estar menos dominado pelo estado de ânimo. É menos provável que você busque o alívio em suportes externos e distrações, como comida, álcool ou o celular.

Muito do que ocorre na vida é uma reação ao que já aconteceu em um momento anterior. Todo tom de sentimento, armazenado no cache da mente, afeta os modelos mentais em desenvolvimento. São eles que simulam o mundo a cada momento, é o que vivenciamos como o mundo "real", além de estar na raiz de grande parte do descontentamento do dia a dia. No entanto, o problema não são os tons de sentimento e suas reações, mas desconhecer sua existência e sua natureza subjacente. Você só percebe a enxurrada de pensamentos, sentimentos e emoções subsequentes. Os tons de sentimento em si passam despercebidos.

Perceber os tons de sentimento dá a oportunidade de encontrar uma saída. Ajuda a levar em conta suas tendências naturais e aceitar com compaixão que, embora esteja ansioso, estressado, com raiva ou deprimido *neste* momento, é possível mudar o curso para uma vida melhor. Aos poucos você aprende como deixar para trás seus piores estados mentais. Ao fazer isso, algo mágico começa a acontecer: uma sensação de paz e alegria reaparece. Você se torna o seu próprio mestre de cerimônias.

De onde vêm os tons de sentimento?

Boa parte dos tons de sentimento surge de um processo conhecido como interocepção.[6] Ele pode ser entendido como um "painel", ou uma sensação interna, que acompanha o que está acontecendo no corpo a cada momento. A interocepção ajuda o corpo a monitorar o ambiente interno, enquanto conserva coisas como os níveis de energia, o equilíbrio de hormônios e do pH e a concentração de sal e minerais.[7] Embora os cientistas ainda estejam pesquisando mais detalhes, está claro que o corpo combina todas essas informações para produzir sensações generalizadas, como fome e sede, e impulsos amplos como o desejo de se aproximar ou se afastar de algo. Esses sentimentos de interocepção alimentam os modelos mentais que acabam afetando as simulações do mundo. O processo é complexo e dominado por ciclos de feedbacks sutis, com informações dos modelos mentais e simulações realimentando a rede interoceptiva, que então afeta como o corpo se prepara para reagir.

    A interocepção é essencial para a vida, ainda que não tenhamos consciência disso. Em primeiro lugar, precisamos dela para permanecer vivos, porque ela está intimamente envolvida em preservar o ambiente interno do corpo. Em segundo lugar, ajuda o corpo a controlar e poupar seus recursos. Quando você sai para uma corrida, por exemplo, ela prepara o corpo dilatando os vasos sanguíneos, aumentando a pressão cardíaca e disponibilizando o fornecimento de energia. A rede interoceptiva está familiarizada com os recursos atuais do corpo, porque mantém um registro deles. Ou seja, pode economizá-los e decidir quanto esforço precisa ser dedicado a cada atividade. De fato, ela está sempre preparada para a ação caso seja necessário. Na prática, o corpo se prepara para a ação em conjunto com os modelos mentais e as simulações resultantes. Isso significa que, no que diz respeito à sua rede interoceptiva, o cenário mental – arrependido do passado, esperançoso ou preocupado com o futuro – é tratado como se fosse absolutamente real neste momento e reage de acordo (veja o Capítulo 9 para mais detalhes). A mente e o corpo estão sempre se preparando para a ação – mesmo que por um curto espaço de tempo – à medida que um cenário vai sendo substituído por outro, e mais outro, em meio aos planos para agir. Somos a reatividade em pessoa.

Conforme o "padrão climático" interno do corpo e da mente mudam a cada momento, o *vedanā* do momento também muda. Quando você está ansioso ou estressado, o sentimento desagradável dos cenários mentais cria uma sensação de resistência ou rejeição. Essa vigilância constante é exaustiva, porque o corpo se prepara para a ação repetidas vezes. A rede interoceptiva percebe que os recursos estão se esgotando e devem ser conservados. Tudo que estiver fora dessa preocupação imediata é colocado de lado, desvalorizado. Se isso acontecer com frequência, até os tons de sentimento daquilo que você costuma amar se tornarão desagradáveis, o que pode levar à exaustão e à depressão, conforme a sua motivação se dissipa. A partir daqui, torna-se uma cruel espiral descendente.

CAPÍTULO 4

Detalhes práticos do programa

Os próximos capítulos são dedicados ao programa de meditação. Cada um dos oito capítulos corresponde a uma etapa semanal e contém dois elementos: o primeiro é a prática da meditação, que dura de 10 a 30 minutos por dia; o segundo é a Prática Diária da Atenção Plena. As faixas de meditação guiada de cada semana podem ser encontradas no site www.sextante.com.br/atencaoplenaprofunda.

Você também verá instruções detalhadas para as meditações nos quadros em destaque de cada capítulo. Ao começar o programa, pode ser interessante ler primeiro as instruções de meditação, para se familiarizar com elas, antes de iniciar as práticas usando a orientação em áudio. Veja se é possível focar no espírito da meditação, sem se apegar aos pormenores. Muitas pessoas leem o livro todo antes de começar o programa. Se optar por fazer isso, recomendamos reler cada capítulo antes de iniciar a semana correspondente. Cada semana resume muitos séculos de sabedoria e se apoia nas mais recentes descobertas científicas; é bom ter isso em mente.

PRÁTICAS ESSENCIAIS

Cada semana usa uma meditação guiada diferente. A maioria tem três durações: 10, 20 e 30 minutos. Com isso se consegue escolher a mais adequada ao tempo disponível naquele momento. Você pode praticar uma versão de 10 minutos de manhã e à tarde, ou uma única versão de 20 minutos uma vez por dia. É importante experimentar, ao menos uma vez por semana, a versão de 30 minutos de cada meditação. Caso planeje meditar logo após voltar do trabalho, é melhor comer ou beber algo antes. Mesmo um pouco de fome ou sede pode desviar sua atenção. O mesmo vale para aquela vontade quase imperceptível de ir ao banheiro. Se você preferir meditar de manhã, talvez seja melhor dormir um pouco mais cedo, para que a prática não roube tempo do sono e não seja feita às pressas. A regularidade também é importante porque é um antídoto contra a procrastinação. No começo, pode ser difícil encontrar tempo, mas a meditação tende mais a liberar tempo do que a consumir. É muito importante que você se comprometa a levar as meditações adiante. Não se esqueça de que, embora exijam constância, já ajudaram comprovadamente muitas pessoas. Também funcionam melhor quando dedicamos o tempo necessário a elas todos os dias. Para aproveitar os benefícios, você precisa se comprometer a completar o curso de oito semanas. Lembre que os benefícios podem não ser imediatos. No entanto, muitas pessoas informam que se sentiram mais relaxadas e felizes já no primeiro dia.

Depois de um ou dois dias de meditação guiada, você pode escolher como quer praticá-la: continuar usando o guia completo de meditação ou as "instruções mínimas" pelo restante da semana. Conforme for avançando nas semanas do programa, você talvez prefira usar a faixa silenciosa que toca um sininho a cada 5 minutos. Uma vez familiarizado com a meditação, pode fazê-la sozinho sem nenhum guia ou marcador de tempo. Neste caso, sinta-se à vontade para voltar à faixa guiada a qualquer momento para refrescar a memória. Às vezes até os meditadores mais experientes seguem meditações guiadas. Muitas pessoas descobriram também que manter um diário de suas experiências as ajudou a incorporar os benefícios.

É importante perceber que você pode interromper a prática diária a qualquer momento. De vez em quando se pergunte: *Preciso disso agora?* ou *Isso está me ajudando?* Caso sinta que a resposta é negativa, fique à vontade para dar um tempo na prática e retornar quando se sentir pronto.

PRÁTICA DIÁRIA DA ATENÇÃO PLENA

Como já mencionamos, o segundo elemento do programa é a "Prática Diária da Atenção Plena", meditações simples desenvolvidas para incorporar a atenção plena ao dia a dia. Elas consistem em estar atento de forma consciente a elementos como o ambiente ao redor, uma bebida, uma refeição ou um lanche. Além de incorporar a atenção plena à sua vida, essas práticas rompem aos poucos os hábitos negativos de pensamento e comportamento que exercem um controle sutil mas poderoso sobre você. E também vão ajudar na transição progressiva para maneiras mais criativas e novas de pensar. Você deve realizá-las com um estado de espírito de curiosidade e diversão.

Tente praticar as meditações em seis dias da semana. Não importa o dia escolhido para a pausa. As tarefas da Prática Diária da Atenção Plena devem ser executadas segundo as instruções sugeridas em cada capítulo. Não se preocupe se ficar um ou dois dias sem meditar. Simplesmente compense em outros dias. Depois da compensação, pode avançar para a próxima semana. Caso só consiga meditar três dias ou menos, recomendamos que repita aquela semana. Essas meditações ganham poder por meio da repetição, então é importante que você dê o melhor de si e medite nos dias recomendados. No entanto a vida é movimentada, sendo comum dar uma pausa ou parar por um tempo. Se tiver que parar de meditar por completo por algumas semanas, deve recomeçar o programa. E, se isso acontecer, recomece sem fazer críticas a si mesmo.

Quando iniciamos qualquer programa de meditação, são comuns vários falsos começos ou pausas. Em vez de se cobrar, apenas lembre que *não vai dar errado*. Talvez concluir o programa leve mais tempo do que você imaginava. Se for o seu caso, assuma o controle quando se sentir capaz. Repetidos falsos começos – ou levar muito tempo para encaixar a meditação no dia a dia – podem trazer lições importantes. Se você sentir que não está fazendo o "progresso" desejado (ou que não está tentando o suficiente), tente não se criticar. Aprender a tratar a si mesmo com compaixão e a compreender a sua vida são elementos importantes do programa. À sua maneira, eles também reforçam a coragem e a resiliência.

A essência do programa leva oito semanas. Talvez você queira continuar meditando quando terminar. Para ajudá-lo nisso, o capítulo final do livro mostra como desenvolver a percepção dos tons de sentimento a longo prazo.

> ### Resumo semanal do programa
>
> O objetivo deste livro é ajudar a aprofundar a prática da atenção plena explorando o tom de sentimento que acompanha cada momento de consciência. Embora ele seja um importante tema subjacente em todas as práticas e cursos de atenção plena, costuma estar implícito ou oculto. Nosso programa vai trazê-lo à tona.
>
> As duas primeiras semanas são o alicerce de todo o curso. Se você é novo na atenção plena, vai aprender as habilidades para progredir no decorrer do programa. Se já tem experiência na meditação, vai aprender as habilidades sutilmente diferentes para as práticas seguintes do tom de sentimento. Embora pareçam familiares, você ainda ganhará muito ao praticá-las, já que, de maneira gradual, enfatizam diferentes aspectos da atenção plena, revelando como os tons de sentimento guiam seus pensamentos, sentimentos, emoções e comportamentos.
>
> - **Semana 1:** Você começa a explorar diferentes formas de "ancorar" a atenção no momento presente. Esse é o ponto para o qual vai trazer a atenção quando a mente começar a divagar. Na atenção plena tradicional, a respiração costuma ser essa âncora. Seguir as sensações da respiração, percebendo como ela muda a cada momento, é uma das habilidades centrais da atenção plena. Porém, algumas pessoas acham que focar na respiração pode não ser a melhor âncora, então convidamos você a explorar alternativas, como prestar atenção nas mudanças das sensações físicas a cada momento, em seus pés ou suas mãos ou no contato com a superfície em que está sentado ou deitado.

- **Semana 2:** Você começa a explorar como se relacionar de outras maneiras com a divagação da mente. Muitas pessoas, em especial aquelas que praticaram a atenção plena por algum tempo, percebem que, quando a mente divaga, elas se voltam para a respiração, quase como se tivessem sido flagradas fazendo algo errado. Mas perceber a mente divagando é exatamente o que precisa ser feito. O momento em que você nota a mente divagando é um momento de atenção plena. Então, na Semana 2, pedimos que reflita sobre esse momento, fazendo uma pausa deliberada por um curto período, para trazer à mente a sensação de gratidão por todo o trabalho árduo que ela está fazendo por você, inclusive percebendo a perda de foco. Esse tipo de reforço positivo, além de aumentar o bem-estar, é mais eficaz a longo prazo.

Depois de apresentar esses fundamentos, vamos pedir que você explore os tons de sentimento em três estágios consecutivos nas três semanas seguintes: primeiro, sempre que a mente divagar; segundo, enquanto caminha com atenção plena; terceiro, durante cada expiração. Essas três semanas desenvolvem progressivamente as habilidades essenciais da percepção do tom de sentimento – habilidades que transformarão sua vida. Você também aprenderá a reconhecer a natureza evasiva e em constante mudança da tonalidade e quanto do que você pensa, sente e faz depende tanto dos tons de sentimento subjacentes quanto do pensamento racional consciente. Uma vez que aprenda isso de maneira verdadeira e profunda, você terá condições de recuperar mais uma vez o controle do seu cotidiano.

- **Semana 3:** O processo da meditação da Semana 3 se inicia pedindo que você se concentre no tom de sentimento assim que perceber sensações corporais e quando sua mente começar a divagar (ou, ao menos, quando perceber que está divagando). Desse modo, você vai notar que as distrações costumam ser mínimas,

mas a mente tem a tendência de transformá-las em uma tempestade e criar uma sensação de urgência. É essa sensação de urgência que costuma minar a qualidade de vida. Durante a Semana 3, o processo começa a entrar em ação. Você aprenderá que a mente deseja conservar o sentimento agradável, afastar o desagradável e se desligar do neutro. Essa é a origem de grande parte do sofrimento. Podemos afirmar isso para você – até provar com as ferramentas mais poderosas disponíveis na ciência –, mas somente quando você sente na pele é que vai de fato acreditar.

- **Semana 4:** Aqui você começa a usar o que aprendeu para impedir que a mente caia nas espirais do desejo que destroem a qualidade de vida. Uma das técnicas mais poderosas para acalmar a mente e melhorar a qualidade de vida consiste em entrar em sintonia com o tom de sentimento, observá-lo e depois permitir que permaneça como é. Aos poucos, na Semana 4, você passará a aceitar os tons de sentimento, à medida que surgem e desaparecem. Aprenderá a reagir a eles, primeiro reconhecendo os agradáveis e dizendo a si mesmo "Tudo bem gostar disso"; ou os desagradáveis, dizendo a si mesmo "Tudo bem não gostar disso". Esse ato simples permitirá que você observe essas vozes barulhentas e insistentes de culpa, desejo e sofrimento evaporarem.

- **Semana 5:** Vamos ampliar ainda mais a prática ajudando você a perceber em detalhes como os tons de sentimento parecem ter vida própria. Eles oscilam a todo momento. As meditações desta semana ampliam sua perspectiva, permitindo uma visão mais clara dos aspectos da vida que passam despercebidos porque a mente está muito ocupada sendo reativa – preparando-se para uma ação desnecessária e que, de qualquer forma, não será levada adiante. Essa agitação muitas vezes nos impede de ver ou apreciar as pequenas coisas do dia a dia. E essas "pequenas" coisas não costumam ser pequenas. São a base de uma vida feliz e significativa. Com essa finalidade, a Semana 5 ajudará você a identificar quando a mente estiver superagitada e inquieta, permitindo prestar atenção nas coisas pequenas e agradáveis que existem até mesmo nos momentos mais desafiadores e difíceis. E quando as dificuldades aparecerem, essa perspectiva evitará a tendência da mente de criar ansiedade, estresse e infelicidade por meio de cenários imaginários infinitos, com base em "se ao menos" e "e se".

Durante as Semanas 3, 4 e 5, outras práticas serão apresentadas para ajudar a incorporar ao seu cotidiano o que você aprendeu meditando. Essas práticas diárias incluem atividades como a "prática da apreciação", em que será pedido que você se lembre das pequenas coisas que tornam a vida mais mágica, e uma reflexão ao fim do dia sobre o tom de sentimento geral e seus principais temas.

- **Semana 6:** Aqui, você começa a estender essa sabedoria importante para o cotidiano. Aprenderá a lidar com coisas que estão sempre incomodando, mas cujos efeitos são mais difíceis de ver porque estão ocultos, disfarçados de algo diferente, que acabam com o humor e a qualidade de vida, deixando você exausto.
- **Semana 7:** Aqui, você aprende sobre procrastinação e como tomar a iniciativa para fazer mais daquilo que aumenta sua qualidade de vida e lidar com mais eficiência com aquilo que a afeta negativamente.
- **Semana 8:** Aqui, você aprende como formular um plano para sustentar suas descobertas e aprimorar as práticas futuras.

UM TEMPO E UM LUGAR PARA A MEDITAÇÃO

Muitas vezes você pode achar que não tem tempo livre para meditar. E isso é verdade. A vida é agitada, com muitas prioridades. E mesmo que tivesse algum tempo sobrando, aposto que já teria preenchido com alguma tarefa. Então, você precisa reservar um tempo para meditar, mas a longo prazo ganhará esse tempo de volta, já que essa prática simplifica a vida. Caso ainda esteja preocupado com esse compromisso, se pergunte de maneira gentil quanto tempo você perde se preocupando, procrastinando e cultivando hábitos aparentemente inúteis. Que tal dedicar parte desse tempo à meditação?

Algumas pessoas relutam em começar um programa de meditação, porque temem que seja visto como autoindulgência. Se você tem essa preocupação, talvez seja interessante enxergar isso como um programa para exercitar a mente. É comum passar várias horas por semana correndo ou praticando exercícios na academia. Que tal dedicar algum tempo todos os dias fazendo o mesmo pela sua mente?

Onde...
É melhor meditar em um lugar agradável e calmo. Pode ser um canto simples e tranquilo de casa. Tente evitar o quarto porque pode evocar sonolência. Mas, se for o lugar mais quieto e tranquilo que você tem disponível, não há problema em meditar nele. É importante avisar a todos em casa que, durante a meditação, não gostaria de ser interrompido. Algumas pessoas têm vergonha de pedir isso temendo que os outros achem a atenção plena um pouco estranha. No entanto, seus amigos e familiares ficarão felizes de ver você dedicando um tempo para melhorar o seu dia a dia.

De quais equipamentos você vai precisar? Apenas um celular ou computador para ouvir as faixas da meditação guiada (ou transmiti-las pela TV, no fone de ouvido ou aparelho de som), uma cadeira para se sentar e talvez uma manta para aquecer as pernas. Caso use o celular para as meditações, é importante desligar as notificações e colocar no modo "não perturbe". As faixas de meditação de cada semana podem ser encontradas no site www.sextante.com.br/atencaoplenaprofunda.

... como...
A maioria das pessoas prefere meditar em uma cadeira de encosto reto, mas não há problema algum em sentar-se em um banco ou usar uma almofada. Caso seja difícil permanecer sentado, os meditadores se deitam em tapetes.

Ao meditar sentado, adote uma postura alerta, ereta mas relaxada, de modo que sua coluna se autossustente, a uma distância de 2 a 3 centímetros do encosto da cadeira. Sentar-se assim e colocar uma almofada no assento costuma ajudar na postura, deixando o quadril um pouco mais alto que os joelhos. A coluna também segue sua curvatura natural e cria uma sensação de abertura no peito, além de estimular a vigilância e a luminosidade das emoções. Os pés devem estar apoiados no chão, na linha do quadril. Isso dá uma sensação de força e estabilidade. As mãos devem ficar relaxadas, apoiadas no colo ou nas coxas.

A melhor posição é aquela que causa a menor tensão muscular e estimula um estado de espírito alerta porém relaxado. Lembre-se, você não ganhará nada se forçando em uma posição difícil ou desconfortável. Não é preciso se sentar de pernas cruzadas no chão. Jornais e revistas adoram publicar fotos de pessoas meditando nessa posição, mas ela não é obrigatória. É apenas a maneira como as pessoas tradicionalmente meditavam no Oriente.

Talvez você necessite mudar de posição no meio da prática. E não há problema algum em fazer isso. A inquietude é normal, e mesmo meditadores experientes precisam se mover de vez em quando. Caso tenha que mudar a posição, inclua essa conduta na meditação, movendo-se com total atenção plena, percebendo como o tom de sentimento oscila antes, durante e depois do movimento.

... e quando?
Que tal fechar os olhos por alguns momentos, respirar fundo e começar agora mesmo?

CAPÍTULO 5

Semana 1: Encontre sua âncora

Josy tomou outro gole de mojito. O terceiro copo em menos de uma hora. Começou a curtir o ritmo da música, olhou a sala lotada do flat de uma amiga. Havia muitas pessoas cantando, dançando e brindando com seus drinques coloridos. A noite de sábado estava ficando animada, do jeito que Josy gostava.

Um desconhecido se aproximou de novo e tentou puxar conversa. Ela já havia se esquivado dele mais cedo, mas agora respondia com um sorriso. Ele chegou mais perto, tentando ser ouvido por causa do barulho. Quando estava prestes a escutá-lo, outra voz surgiu no ar: "Josy estava me contando daquela carona louca na volta da Itália..." Na hora em que ouviu seu nome, a mente de Josy focou na conversa que estava acontecendo do outro lado da sala. Ouvia cada palavra com uma clareza cristalina, como se a sala tivesse ficado em silêncio total.

Todos nós já experimentamos o chamado "efeito festa", quando estamos em um lugar barulhento e de repente escutamos alguém mencionando nosso nome. Às vezes é até mais impressionante do que isso, quando você ouve algumas palavras antes mesmo de seu nome ser mencionado. Em tais momentos, é como se o tempo tivesse voltado alguns segundos e sua atenção despertasse. De certa forma, é o que acontece.

O "efeito festa" se origina na surpreendente habilidade da mente de juntar e combinar informações de origens diversas e analisar seus significados. Esses dados servem para atualizar os diferentes "modelos de realidade", e o mais adequado se cristaliza na experiência atual (ver as páginas 25-30). Costumamos ter uma ideia desse processo quando a mente "pula de faixa" de um modelo para outro e experimentamos sensações como a do "efeito festa". É algo poderoso e às vezes estranho.

Tão essencial quanto esse processo é a capacidade que o cérebro tem de monitorar o mundo mediante informações importantes que indicam quando é preciso atualizar o modelo mental – ou trocá-lo por uma faixa diferente. A cada momento, o cérebro compara as previsões da mente com os dados atuais recebidos dos sentidos e procura "surpresas" – ou erros de previsão. Se esse erro é detectado, a atenção se volta à fonte da surpresa – a voz que acabou de falar seu nome, por exemplo – para ver onde o modelo precisa de atualização. Muitas vezes, basta um pequeno ajuste, mas há uma incerteza que precisa ser investigada para o caso de haver necessidade de ações mais significativas, e então sua atenção é inexoravelmente atraída para qualquer coisa nova ou surpreendente. Todos os animais são sensíveis a movimentos em sua visão periférica porque alertam para a possível presença de um predador. E os humanos não são diferentes desse modelo. A evolução programou nosso cérebro para se proteger desses "elementos distratores", e não temos escolha a não ser percebê-los. Você já se pegou um tanto hipnotizado por uma televisão ligada em um canto de um bar? Culpa de nossos ancestrais primatas.

Podemos aprender também a detectar outros distratores que são gravados no "software" da mente. Ouvir seu próprio nome em uma sala lotada é um exemplo, bem como as conversas que despertam seu interesse. Quer mudar de casa, comprar um carro ou tirar férias? De repente você começa a notar referências a esses assuntos e se sente forçado a prestar atenção nelas. No entanto, após alguns momentos, você se volta para os próprios pensamentos, talvez impressionado com a capacidade da mente de entrar em sintonia com o mundo.

Na prática, mesmo que você esteja concentrado em um fato, tentando ignorar todo o restante, a mente continua a monitorar o mundo em segundo plano, no caso de algo importante exigir sua atenção. Porém muitas vezes a atenção não é desviada de maneira tão óbvia, e sim subvertida sem que você perceba. Essa subversão costuma ser mais poderosa a longo prazo do que um simples efeito festa.

Funciona assim: se você não está prestando atenção – de verdade –, não se dá conta dos "erros de previsão" que se acumulam e permitem um controle rigoroso da realidade. São esses erros de previsão que, ao serem *percebidos*, nos mantêm em contato com o mundo real e nos impedem de viver dentro de uma simulação desconexa. Eles oferecem os pequenos estímulos que levam de volta à consciência total e despertam a curiosidade. São a fonte da alegria do dia a dia. Criam a mágica – a poeira das estrelas – que faz a vida valer a pena.

A mensagem está no erro.

Podemos explicar essa ideia aparentemente irracional.

Quando você está comendo sua guloseima favorita, a mente prevê o sabor e as sensações na boca. Embora seja uma simulação bem fiel, não é real. Porém, se você entrar em sintonia com cada um dos sentidos enquanto estiver comendo, sua experiência será ligeiramente diferente da simulação da mente. Haverá erros na simulação que costumam passar despercebidos. Mas a real guloseima, que você está comendo no momento presente, será muito mais maravilhosa, porque você a estará degustando de verdade, e não experimentando uma simulação. Todas as nuances intercaladas de sabores, aromas e texturas são experimentadas e degustadas. São verdadeiras, não imitações. No entanto, se você não prestar atenção, não notará o sabor da comida. Da mesma forma, deixará de sentir o sol na pele e o cheiro de um bolo recém-assado, de notar o sorriso de pessoas queridas, de receber com plenitude um beijo e um abraço, de ouvir a risada de uma criança no parque... A lista é infinita.

Felizmente, essas perdas são evitáveis porque você pode aprender a prestar atenção de maneira bem especial; uma maneira que lhe permite se reconectar com o mundo ao redor. E quando você faz isso, algo incrível acontece. Porque você passa a ver tudo em sua verdadeira glória – cheio de magia, mistérios e maravilhas. É o que esse programa de oito semanas proporciona. Muito mais que a ausência de ansiedade, estresse, depressão e exaustão, ele lhe dá a oportunidade de recuperar o prazer do cotidiano – e redescobrir a *alegria* simples e bela de estar vivo.

UMA VIDA RECONECTADA

O primeiro passo para recuperar o controle do dia a dia é aprender a perceber o momento em que a mente começa a se subverter e cair no inconsciente. Isso é feito treinando a mente para se concentrar em uma coisa de cada vez e depois aprendendo aos poucos como mover esse "foco de atenção" para onde desejar. A princípio pode não ser fácil, mas com uma persistência gentil você aprende a ver para *onde* o foco da atenção está apontado, perceber *quando* começa a se afastar do foco escolhido e em seguida trazê-lo de volta para onde pretendia que estivesse. É possível fazer isso reservando alguns minutos diários a esse treinamento mental: perceba o foco de atenção em funcionamento e depois traga-o de volta cada vez que se afastar do foco escolhido.

A fim de facilitar esse processo, busque um local em que você possa praticar repetidas vezes o "exercício". A mente é como um barco, precisa de uma âncora para não se afastar muito da margem com a flutuação da maré. A meditação tradicional usa a respiração como âncora. Para alguns meditadores, é o suficiente, mas, para outros (ou quando a mente está excepcionalmente agitada ou dispersa), pode não ser. Em geral, as pessoas precisam de sensações mais fortes e perceptíveis do que as oferecidas pela oscilação suave da respiração. Precisam de mais opções. Em especial se houver dificuldades respiratórias ou se os distratores se tornarem muito invasivos.

Se a respiração for suficiente, não se preocupe – ela será mencionada adiante no curso. No entanto, esta semana é dedicada a explorar âncoras alternativas (sejam os pés, as mãos, a sensação do contato com o assento ou o tapete, ou até mesmo algo externo, como sons) e apresentar as diferentes qualidades que cada uma traz. Se você já praticou atenção plena, se leu nosso livro anterior ou fez algum curso que o tivesse por base, algumas ideias parecerão familiares. Existem muitas diferenças sutis porém cruciais. A principal é que, nas próximas semanas, você aprenderá a entrar em sintonia com o *vedanā* (ou tons de sentimento) ao praticar as meditações. Dessa forma, entrará em contato com os diferentes tipos de consciência enquanto pratica as meditações que podem parecer familiares, mas diferem daquelas praticadas antes. Isso aprofundará a sua experiência e a sua compreensão. É o âmago do que queremos compartilhar durante as próximas semanas: para nós, é um tesouro de novas ideias que vem das mais antigas tradições orientais e da moderna psicologia e da neurociência. Elas transformaram nosso entendimento sobre meditação e esperamos que tenham a mesma influência em você.

A atenção plena pode ser prejudicial?

Esta é uma pergunta importante. Segundo um antigo ditado da psicologia, um tratamento sem efeitos colaterais é inócuo. E, de fato, de 3% a 10% das pessoas submetidas a qualquer tratamento psicológico podem se sentir pior depois de iniciar o tratamento.[1] Ingredientes ativos fazem a diferença e nem sempre são agradáveis. O colunista britânico Oliver Burkeman expressou isso ao dizer que, se você está batendo um martelo com força suficiente para colocar um prego na parede e ele acertar seu dedo, vai doer.

Pela nossa experiência, meditar pode, ocasionalmente, fazer as pessoas se sentirem desequilibradas em dois contextos. O primeiro é quando deparam na meditação com uma lembrança difícil ou traumática. Se isso acontecer, é importante identificá-la, abrir os olhos e se centrar de novo – e talvez interromper a prática por um tempo. O segundo é quando alguém se beneficia tanto da atenção plena que começa a praticá-la sem parar, às vezes muitas horas por dia até entrar em colapso. O mesmo conselho se aplica aqui: faça uma pausa e procure ajuda de um professor de meditação caso sinta necessidade.

A atenção plena pode ser comparada a uma atividade física que às vezes pode causar lesões – principalmente ao exagerar quando seu corpo não está acostumado. Pode acontecer mesmo com todas as precauções ou com praticantes experientes. Ainda assim, você não conclui que atividades físicas sejam ruins para você – simplesmente precisa diminuir o ritmo. Isso também vale para a meditação da atenção plena.

QUANDO OS DESAFIOS SURGEM

Pode ser muito difícil começar a praticar meditação – e até acreditar que está conseguindo lidar com emoções nebulosas – e acabar se sentindo mais triste, ansioso ou com raiva. Para algumas pessoas, é como se a meditação tornasse tudo mais intenso. Um estado de espírito difícil, lembranças, sonhos, planos ou preocupações que acompanham a meditação podem atacar a mente. Isso acontece com qualquer um, porém é mais provável ocorrer com aquela pessoa que sofreu situações traumáticas no passado. Às vezes, os sentimentos surgem tão rápido quanto desaparecem, outras vezes permanecem, como se tivessem fixado morada na mente e se recusassem a partir. Antes de embarcar na Semana 1, é importante saber o que pode ser feito quando esses desafios surgem, tanto na meditação quanto no cotidiano.

- Em primeiro lugar, é bom lembrar que as necessidades para lidar com a vida e viver com tranquilidade, dedicação e gentileza em meio a um mundo caótico podem variar de uma pessoa para outra. Cada um de nós enfrenta as situações de formas diferentes em momentos diferentes. Este livro oferece uma gama de ideias para ajudar nessas ocasiões, e esperamos que as experimente para ver qual é a mais útil para você.
- Em segundo lugar, é importante seguir um ritmo que pareça bom para você. A prática da atenção plena consiste em tomar consciência da variedade de suas experiências. Ela abre seus olhos para as belezas e os prazeres do dia a dia, muitos já esquecidos, e também coloca você em contato com seus pensamentos, sentimentos, emoções e impulsos mais complexos. Aprender a reagir com sabedoria a esses momentos é fundamental em todos os programas de atenção plena. Mas costumamos esquecer que isso leva tempo – um período de ajuste que não pode ser acelerado ou ignorado. Portanto, nunca se esqueça de que é absolutamente aceitável parar e começar etapas do programa conforme sua vontade. A cura e os aprendizados verdadeiros costumam acontecer em instantes silenciosos entre as práticas, portanto não sinta que esses períodos são uma perda de tempo ou

que você está perto de "desistir". Aprender a dar uma pausa pode ser uma lição valiosa por si só. Aqui estão alguns pontos específicos a ser observados e ideias que podem ser úteis.[2]

Tempestades repentinas
As dificuldades podem surgir a qualquer tempo, dia ou noite, e não apenas enquanto meditamos – e tendem a ser desgastantes. Quando isso acontecer, tente ser gentil consigo mesmo. Talvez respirando mais profundamente e voltando sua atenção para os pés a cada expiração (veja o quadro a seguir).[3] Ao fazer isso, explore as sensações do contato entre os pés e a superfície que os sustenta. Isso ajuda a encontrar um "terreno firme" para decidir o que fazer a seguir.

> ### Alívio de estresse em 6 segundos: meditação das solas dos pés[4]
>
> - Fique em pé, com os pés afastados na largura dos ombros, e inspire longa, lenta e suavemente.
> - Expire devagar, de forma natural e, ao fazer isso, direcione a atenção para as solas dos pés.
> - Perceba todas as sensações que vêm e vão como as ondas no mar. Talvez você se dê conta de uma pressão embaixo dos calcanhares e dos dedos, uma dor generalizada ou um formigamento por todo o pé. Talvez haja partes quentes, frias ou umidade entre os dedos. É possível também que você não experimente nada, então tente não antecipar o que poderá ocorrer.
>
> Esse exercício pode ser feito durante uma respiração (em torno de 6 segundos) – mas quanto mais, melhor.

Como algo tão simples pode ser tão poderoso?
Quando você desvia a atenção da mente agitada para as sensações do corpo (no caso, os pés), muda *o que* preenche a mente e também todo o

seu *modo* de funcionamento: passa do modo pensar para o modo sentir (do Conduzido para o Existente). O modo Conduzido é um ótimo solucionador de problemas – não vamos criticá-lo –, mas sua principal forma de resolver atritos é fazendo viagens mentais no tempo: "Apressa-se para um futuro que se afasta... sonhando com um passado imaginado" nas palavras do poeta R. S. Thomas.[5] Ficar preso em uma espiral de pensamentos gera mais pensamentos. Isso tende a trazer mais lembranças ruins e futuros nefastos, além de criar ansiedade, estresse e infelicidade, e ainda queimar energia. Se, em vez disso, você se desviar por completo do modo Conduzido, estará se desviando dos problemas. Porque eles acontecem apenas no momento presente, e é importante se concentrar nas sensações.

Outra maneira de entrar no modo Existente em momentos de dificuldade é perceber os sinais que o corpo está emitindo. Para isso, expanda o foco da atenção para todo ele, de modo que o conflito ocupe um espaço maior, e deixe a respiração em segundo plano. Lembre-se de que, nesses instantes, é normal deslocar o foco da atenção do corpo para coisas ao seu redor. Você pode intencionalmente olhar em volta e nomear os objetos que vê, como cadeira, tapete ou quadro, ou se concentrar nos sons que consegue ouvir.

Dificuldade ao meditar

Às vezes bate uma tristeza quando se está meditando, em especial se algo problemático incomoda ou faz você se lembrar de eventos dolorosos do passado. Esses problemas parecem ser reativados pela própria meditação, ou talvez ela seja diferente do relaxamento que você buscava. Nesses momentos é bom ter consciência de que há escolhas, sim. Não é necessário forçar uma meditação que esteja causando um desconforto mental ou físico extremo. O objetivo da meditação não é "endurecer o seu coração" nem fazer você se desconectar e não se sentir totalmente vivo e capaz de abraçar a vida. Ao contrário, você está treinando a mente para lidar de maneira hábil e delicada com as dificuldades. Então, distinguir entre *disposição* e *capacidade* ajuda e muito.[6] Portanto, ao surgir um desconforto em meio à meditação, você pode escolher se está ou não disposto a lidar com ele. E ainda que esteja, essa é a melhor coisa a fazer? Pergunte-se com gentileza: será que agora tenho capacidade, energia, para lidar com isso? Se estiver muito cansado ou chateado, é normal deixar a dificuldade de lado por um tempo, até que se sinta capaz de enfrentá-la. Se não quiser deixá-la totalmente de lado, tente escolher *quão* próximo quer chegar dela, ficando apenas na margem, vendo um pouco mais distante, ou talvez ampliando o seu campo de consciência para todo o corpo, como se o problema ocupasse um espaço mais amplo. Você também pode definir um limite de quanto tempo vai lidar com ele – talvez cinco ou dez respirações.

À medida que se familiariza com as meditações e as diferentes âncoras para a atenção (pés, contato com o assento, mãos ou respiração), perceba que, quando a dificuldade surge, é normal trocar a prática por sua âncora. Você também pode fazer isso caso se afaste ou perca o foco e precise recuperar a atenção. Está livre ainda para transitar entre âncoras ou combiná-las. Ao se concentrar na âncora escolhida, pergunte-se: *Posso ficar com essas sensações em meio a essa dificuldade?* Seja bondoso consigo mesmo. Não tenha pressa. Não tente ser "forte" para testar até onde aguenta o sofrimento. Explore apenas. Ao fazer isso, tente dar à dificuldade algum espaço. Respire com ela, sabendo que está perto mas sem pressa de se envolver. Caso não se sinta confortável com sua âncora, abra os olhos e observe o que estiver ao redor.

Se as coisas começarem a se tornar muito intensas, entre em sintonia com seu corpo e pergunte: *Como minha mente e meu corpo estão se sentindo neste exato momento? O que mais está aqui? Qual é o meu melhor apoio agora?* E então inspire e expire longa, lenta e profundamente... e faça o que acredita ser o melhor, que pode ser interromper a meditação, abrir os olhos ou voltar a atenção para a sua âncora. A qualquer momento, sinta-se livre para revisitar práticas familiares de cursos anteriores, e esteja preparado para prosseguir quando a vida exigir uma abordagem diferente.

Independentemente do que acontecer durante a prática, lembre-se de que, em meio aos dissabores, pode parecer que você está totalmente sozinho, mas não está. Inúmeras pessoas já vivenciaram essa situação e desejam ajudar. Se você estiver com dificuldade, pare por um momento e busque apoio, pela internet ou ao vivo. Talvez o aconselhamento de um professor de meditação seja útil. E você sempre pode procurar tratamento médico ou psicológico qualificado caso suas experiências se tornem muito sensíveis (ver Para ler e pesquisar, página 219).

Dessa forma, ao explorar uma variedade de opções, você encontra maneiras novas e versáteis de reagir com sabedoria aos altos e baixos do cotidiano. Ao ser flexível, você ganha mais conhecimento e não perde o que aprendeu nas meditações anteriores – e isso só pode beneficiar você e aqueles ao seu redor.

Por todos esses motivos, a primeira coisa que você aprende nesse novo programa é a se estabilizar e aterrar. Assim, conquista um "lugar de permanência", um ponto de observação do qual pode explorar cada momento de sua experiência.

Práticas para a Semana 1

- **Meditação "Encontre sua âncora"** (pág. 65) – realizada por 10 minutos duas vezes ao dia (meditação 1.1) ou por 20 minutos uma vez ao dia (meditação 1.2). Uma vez familiarizado com as instruções, use a versão de instruções mínimas (1.4) ou a faixa de cronometragem com o som de sininho a cada 5 minutos (1.5).
- **Meditação "Encontre sua âncora", versão 30 minutos** – ao menos um dia nesta semana, medite por 30 minutos usando a versão correspondente (meditação 1.3), a versão de instruções mínimas ou o som dos sininhos (1.5).
- **Prática Diária da Atenção Plena: encontre sua âncora ao acordar** – pratique a cada manhã. Ver instruções no quadro da página 69. Você também pode usar a orientação em áudio (1.6) nos primeiros dias.

Todas as meditações desta semana podem ser encontradas no site www.sextante.com.br/atencaoplenaprofunda.

As meditações também podem ser encontradas no site do autor em franticworld.com/deeper-mindfulness (em inglês).

Meditação "Encontre sua âncora"

Preparação

1. Você pode fazer esta prática deitado – em um tapete de yoga – ou sentado. Se estiver deitado, deixe as pernas descruzadas, os pés afastados um do outro, os braços estendidos e ligeiramente afastados do corpo. Se preferir se sentar, use uma cadeira firme de encosto reto, uma almofada ou um banco para meditação. Caso esteja sentado na cadeira, deixe os pés bem apoiados no chão, com as pernas descruzadas. Veja se é possível manter os quadris um pouco mais elevados que os joelhos, colocando uma almofada no assento da cadeira, para que o corpo tenha mais estabilidade enquanto você estiver sentado.
2. Deixe os ombros relaxados e a expressão facial serena. Quer esteja sentado ou deitado, feche os olhos se parecer confortável, ou abaixe o olhar. Caso prefira manter os olhos abertos, permita que seu olhar se fixe de maneira suave em algum objeto próximo.

Consciência de como as coisas são, no corpo e na mente

3. Dedique um tempo para encontrar a postura que melhor apoie sua intenção de estar realmente consciente e presente no agora. Sinta-se à vontade para ajustar a postura caso necessário.
4. Quer esteja sentado ou deitado, reserve algum tempo para tomar consciência de todo o corpo e de como as coisas estão agora, ou seja, o padrão climático em seu corpo e em sua mente: está inquieto ou calmo, desperto ou cansado? Seja o que for, veja se é possível sentir as coisas como são.

Os pés

5. Quando estiver pronto, direcione a atenção para os pés, percebendo as sensações que possam acontecer lá. Comece sentindo o contato com o chão, o tapete de yoga ou uma superfície qualquer. O que você percebe? Pode ser um formigamento, uma vibração,

uma pressão, calor ou frio nos dedos, nas solas, no dorso dos pés ou nos calcanhares.

6. Quando estiver preparado, expanda a atenção para todo o pé. Observe qualquer sensação que possa estar indo e vindo agora. Note quais são as mais proeminentes e quais estão em segundo plano, sem esperar que nada especial aconteça. Caso não haja nenhuma sensação, observe isso.

7. Quando a mente divagar, como acontecerá repetidas vezes, conduza a atenção de volta para os pés com suavidade.

O contato com a superfície que está apoiando você – o assento

8. Em determinado momento, transfira a atenção dos pés para a superfície de apoio em que está sentado ou deitado. Se estiver sentado, conduza a atenção para o contato com o assento... há pressão ou formigamento? Observe o que está acontecendo agora. Se estiver deitado, note vários pontos de contato: pernas, glúteos e região lombar, ombros e cabeça. Perceba as diferentes sensações do contato, trazendo a atenção de volta quando for desviada, como acontecerá de vez em quando.

As mãos

9. Deixe de lado o contato com o assento ou o tapete e se concentre nas mãos. Talvez você note sensações nos dedos e nos polegares, na palma ou no dorso das mãos, no contato entre as mãos e onde quer que estejam apoiadas naquele instante. Permita que esse contato esteja em primeiro plano na consciência.

A respiração

10. Quando estiver pronto, transfira a atenção das mãos para a respiração. Encontre um lugar para que isso aconteça: pode ser a ponta do nariz, as narinas, a parte posterior da garganta, o peito ou a parte inferior do abdômen, a área ao redor do umbigo.

Escolha um desses pontos e concentre sua atenção nele. Veja o que pode ser observado, respiração a respiração. Perceba a mudança no padrão das sensações a cada respiração – o subir da inspiração, o descer da expiração e os movimentos intermediários. Você não precisa controlar a respiração, só permita que ela ocorra com naturalidade. Traga a atenção de volta com suavidade quando houver algum desvio.

Escolha sua âncora

11. Agora escolha se quer manter a atenção na respiração ou voltá-la para os pés, o assento, as mãos ou, se estiver deitado, para o contato físico entre o corpo e a superfície de apoio.
12. Não há certo ou errado. Sinta com clareza o que melhor ajuda sua atenção a se concentrar no agora, o que faz você ter mais ancoragem. Então transfira a atenção para o foco escolhido. Permaneça aqui, neste lugar, aberto a toda e qualquer sensação que surgir. Seu lugar de ancoragem – de se assentar; uma âncora para sua atenção.
13. De vez em quando, sobretudo quando sua mente insistir em divagar, lembre-se de que isso não é um erro – é a prática acontecendo. Cada vez que a mente divagar e você perceber que se desconcentrou, há outra chance de reencontrar sua âncora – podem ser os pés, o assento, as mãos, a respiração. É como voltar para casa.

Continue essa prática sozinho pelo tempo que quiser.

Fim

14. Para concluir a prática, lembre-se de que, onde quer que você esteja ou o que quer que esteja fazendo, algo agradável ou desagradável, perceber os pés no chão, o assento, a sensação das mãos ou a respiração pode fazer toda a diferença. Encontrar sua âncora dá a sensação de espaço, escolha e calma.

Tori achou muito útil a ideia de escolher sua âncora. Ela já havia tentado meditar outras vezes e sempre se concentrava na respiração. Quando o professor disse que existiam opções – como os pés, o contato com o assento ou as mãos –, ela pensou que os pés seriam a melhor escolha. Mas, conforme a meditação fluía, descobriu que, ao concentrar a atenção nas mãos, se mantinha mais ancorada. "Eu me peguei sorrindo", disse. "Percebi que esperava uma coisa, mas ao tentar, acabou por acontecer outra bem diferente. Foi um pequeno detalhe, mas reconheço que sempre tenho uma ideia fixa de como as coisas vão ser. Nem sempre é assim."

A descoberta de Tori pode ter sido pequena, porém traz uma mensagem importante. Como vimos no Capítulo 2, o padrão da mente é prever o que vai se desenrolar no momento seguinte com base no que aconteceu no passado. Isso funciona na maioria dos casos, mas, como observou Tori, temos ideias fixas de como tudo vai fluir. Quando nossa experiência não difere muito do previsto, há pouca motivação para prestar atenção na realidade, por isso não nos damos ao trabalho. Tori decidiu que faria de cada prática de meditação, dia após dia, um novo experimento, sem prejulgar o que descobrisse.

"Conforme praticava as meditações", contou ela, "percebia como minha âncora mudava a cada dia. Não tinha notado isso antes. E achei um pouco estranho. O que me estabilizava e me ancorava em um dia não funcionava no outro. Então comecei a usar diferentes tipos de âncoras para cada dia. E elas pareciam novas e me davam um sinal mais intenso. Nesse estágio inicial, eu queria que as coisas fossem mais simples e fáceis, então um sinal mais intenso, claro e limpo funcionava melhor para mim."

Dan teve a mesma percepção. "Achava que meus pés em contato com o chão seriam minha âncora preferida. E gostava das sensações do contato. Mas, quando minha atenção se voltou para as mãos, elas pareciam ter vida própria, formigavam. Havia muitas sensações acontecendo. Uma mão segurava a outra suavemente, e a suavidade desse toque era bonita – como se meu corpo estivesse sendo gentil com ele mesmo. Eu nunca havia notado isso antes. E fiquei emocionado – tamanha a surpresa. No dia seguinte foi diferente. Minha mente estava em todos os lugares, parecia que meus pés e minhas mãos competiam entre si para se tornar a âncora, então escolhi os pés – com a respiração em segundo plano. E isso realmente me fez ter mais ancoragem."

Prática Diária da Atenção Plena: encontre sua âncora ao acordar

Para muitas pessoas, acordar pode ser um momento de vulnerabilidade. Há um torpor pós-sono que tende a durar alguns segundos ou minutos, e como essa sensação pode imitar sentimentos de indisposição que acompanham a depressão, ela é capaz de reativar pensamentos e emoções antigos muito desagradáveis. A consciência de que esse é um momento delicado pode ajudar a entender o que está acontecendo. Se precisar de ajuda extra, providenciamos uma faixa curta (1.6) para ser usada em duas ou três manhãs nesta semana. Depois disso, veja se consegue continuar sozinho pelo restante da semana.

Esta prática é um convite para concentrar a atenção em como seu corpo se sente no momento anterior a você levantar da cama. Perceba todas as sensações: sentimentos de tristeza, desconforto, fadiga, ou leveza e energia. Note como mudam e fluem no seu tempo. Preste atenção em como você reage a elas: faz um julgamento de como dormiu? Ou se pergunta como será o dia? Não há necessidade de se livrar dos pensamentos ou dos sentimentos. Apenas se dê conta deles e perceba suas reações com compaixão e carinho. Complete esse curto período de prática concentrando-se na respiração e usando a atenção plena.

As experiências de Tori e Dan são surpreendentes porque vêm de pessoas que não são iniciantes na atenção plena e já meditam há um bom tempo. Devi meditava de vez em quando fazia dez anos e acreditava que a respiração fosse a âncora mais natural. Como no começo era a que mais conhecia, essa técnica a ajudou a estabilizar sua mente divagante. Mas, conforme as semanas avançavam e a meditação guiada se tornava mais familiar, Devi percebeu com mais facilidade as sensações nos pés, no assento e nas mãos. No decorrer da semana, os pés se tornaram um novo e confiável aliado para focar a mente. "Sempre usei a respiração", comentou ela. "Então foi uma grata surpresa."

E Devi percebeu algo mais: "Ao longo dos dias, quando o humor ou a mente oscilavam, ter âncoras como os pés, as mãos e o contato com o assento me traziam de volta e me lembravam de me ancorar. Sei que estou vulnerável quando começo a navegar sem parar pelas redes sociais, quando perco as estribeiras com meu parceiro, com as crianças, ou quando procrastino as tarefas. Vejo quanto dano causo a mim e a minha família quando esses velhos hábitos assumem o controle. Eles acontecem mais vezes do que é considerado saudável. É como um buraco no centro da minha alma. Uma vez dentro, não consigo sair. A prática da meditação 'Encontre sua âncora' foi essencial no sentido de me trazer de volta para o meu corpo. Medito há muito tempo, mas agora é diferente. Sinto-me aliviada porque posso meditar no meu próprio ritmo. E usar âncoras diferentes tem sido de grande ajuda, especialmente com a desconexão que vinha sentindo. Percebo agora que ficava dando voltas em minha cabeça, perdida em pensamentos. Então essa meditação me possibilitou uma saída dessa espiral de pensamentos."

Mesmo no final da oitava semana de curso, Dan retornou várias vezes à prática da meditação "Encontre sua âncora". "Testar diferentes âncoras me deu apoio de fato. Fui capaz de encontrar uma presença sólida e estável dentro do meu corpo, um lugar onde a mente não falava tão alto. Tanto ao acordar quanto ao me movimentar durante o dia, essas partes que eu considerava diferentes no meu corpo se tornaram familiares – como velhos amigos. Mesmo que às vezes minha mente fique divagando, agora tenho mais chance de resgatá-la e mais capacidade de convencê-la a voltar à luz."

Esses benefícios continuaram se acumulando. "Agora, na minha prática diária, uso as novas âncoras: os pés, o assento e as mãos. Em especial o assento. Ele tem me ajudado a ancorar minha prática de maneira bem física, permitindo que eu me acomode mais confortavelmente em meu banco de meditação e pratique várias vezes ao dia. Isso me estabiliza e me ancora quando as coisas começam a ficar frenéticas."

Ao começar as práticas de meditação desta semana, lembre-se de que a intenção do programa não é se livrar de problemas ou pensamentos. O modo Existente da mente (ver página 33) não tenta eliminar as sensações de ser conduzido, estar exausto ou sufocado que o trouxeram até aqui. Em vez disso, acolhe a mente acelerada e emoções turbulentas com uma presença calorosa e atenta. É uma forma de consciência que vê que muitas de nossas emoções mais negativas são, na verdade, uma reação natural da mente com o intuito de nos proteger da única forma que sabe. Mas essas estratégias às vezes falham. A atenção plena nos ajuda a ver isso com mais clareza. Revela como nossa mente pode ficar enredada; e, mais importante ainda, revela o que podemos fazer a respeito. Muitas vezes, a melhor saída é não fazer nada; apenas sente-se, acompanhe a própria consciência e deixe que os emaranhados mentais se desenrolem sozinhos.

CAPÍTULO 6

Semana 2: Faça uma pausa – recupere a mente dispersa

O jovem casal estava empolgado. Tinha acabado de se mudar para uma antiga e sólida casa de fazenda nos limites de Exmoor, com vista para o Doone Valley, na direção de Bristol Channel. Era para ser a casa da família – mas somente depois de muito trabalho. E põe trabalho nisso.

A decoração era a parte fácil. O casal levava jeito para isso e tinha muitas tardes de inverno para ocupar. Com a chegada da primavera, estava na hora de planejar o jardim, que mais parecia um deserto com pedras, ervas daninhas e arbustos espinhosos. Ao decidirem onde seriam os canteiros de flores e plantas, começaram a limpar e cavar. Tudo ia bem, até eles tentarem remover uma enorme pedra bem no meio do caminho. Uma grande massa de ardósia sólida. Seria preciso que os dois se empenhassem para deslocá-la. Começaram a cavar pelas beiradas, esperando que ela se soltasse. Como estava presa, usaram hastes de aço como alavanca. Mas a pedra não se movia. Continuaram tentando, removendo cada vez mais terra, até que perceberam que aquela pedra era um afloramento rochoso sobre o qual a casa fora construída.

– Precisamos de uma britadeira e escavadeira – suspirou um deles.

– Ou podemos fazer um jardim ornamental com pedras e flores silvestres – disse o outro.

Tentar mudar "para melhor" é como tentar remover aquela pedra. Acreditamos que, dedicando tempo ou esforço suficiente à meditação, vamos nos livrar de partes de nós mesmos de que não gostamos. Mas e se essas partes não forem como uma pedra que pode ser removida, e sim um afloramento rochoso? E se os "defeitos" de que queremos nos livrar forem um afloramento inconveniente de um aspecto mais profundo e fundamental da mente? Aspecto que, no fundo, está nos ajudando a prosperar em um mundo que parece caótico? Muitas de nossas autodenominadas falhas podem ser assim. Em um contexto, formam o alicerce vital de nossa psique e, em outro, são vistas como "defeitos de caráter".

Uma "falha" que pode ser considerada incômoda é uma mente divagante, que tende a se distrair e não consegue se aquietar durante a meditação. Mas tal distração não é uma falha. É uma característica vital da mente, ajustada pela natureza para nos ajudar na adaptação e no progresso em um mundo em constante mudança. A distração da mente também assegura que sejamos rápidos, criativos e adaptáveis – qualidades desejadas – nos auxiliando a andar na corda bamba entre o caos e a imobilidade. Paradoxalmente, essa distração surge da capacidade da mente de acompanhar vários eventos simultâneos, enquanto se concentra em apenas um. Para isso, ela constrói vários modelos do mundo, atualizando-os conforme novas informações chegam dos sentidos. O modelo dominante "vence" e se torna nossa experiência real. Assim, mesmo que esteja se concentrando no que acontece no primeiro plano, uma parte de você está atenta ao que acontece em volta. Significa que a mente pode ser sequestrada por coisas que aparecem na periferia da consciência – ou por incertezas que não se encaixem em seu modelo de mundo. Mencionamos algumas delas antes, como ver uma tela de TV brilhando num canto e ouvir seu nome numa sala lotada. Quando esses eventos inesperados acontecem, a atenção muda e a mente passa a se concentrar na incerteza para esclarecê-los. Ou seja, ficamos distraídos.

As distrações não afloram apenas no mundo "físico" externo, mas também em nossa vida interior. Os processos e os algoritmos são aplicados com a mesma precisão aos fluxos de dados internos e aos do mundo exterior. E esse processo ocorre continuamente, estejamos ou não conscientes dele. A mente está sempre ativa no segundo plano, procurando incertezas e inconsistências, áreas de ambiguidade e coisas que não se encaixam ou não fazem sentido. Portanto, passa grande parte do tempo refletindo sobre o passado, planejando o futuro e evocando vários cenários hipotéticos. A lista é infinita, avançando futuro adentro.

Por sua natureza, grande parte dessa reflexão é vaga e incerta, e a incerteza é como um ímã para a consciência, especialmente se envolve ações planejadas e ainda inconclusas. Tarefas incompletas, como arquivos abertos, são incertezas, atraindo sua atenção como uma tela de TV brilhante. Quando esse processo de distração funciona, nós o chamamos de "lembrança" – somos literalmente lembrados de algo. Além disso, nossa atenção *precisa* ser capturável dessa maneira, porque nos localiza no espaço e no tempo – ajuda a organizar a vida, acompanhar os planos, os compromissos, os remédios que precisamos tomar e os projetos que precisam ser concluídos. Curiosamente, são as distrações que nos ajudam a controlar o dia a dia e manter o senso de identidade. Se você tem um amigo ou familiar com demência, sabe quão terrível é quando a mente para de mandar os lembretes necessários e aquela pessoa perde a noção de onde está e até mesmo de quem é. Podemos não gostar do ponto para onde a mente nos leva quando nos distrai repetidas vezes, mas desfrutamos do processo porque ela está fazendo um trabalho importante a cada momento. Mesmo assim, as distrações podem se tornar esmagadoras nesse mundo acelerado e hiperconectado. O que funcionava bem para nossos ancestrais da Idade da Pedra, que viviam em um ambiente bem mais simples, tornou-se uma maldição do século XXI. Por isso é tão importante encontrar boas âncoras para a atenção (conforme abordamos na semana anterior): ajuda a fortalecer os "músculos da atenção", para que possamos suportar as tempestades de ansiedade, estresse e desespero que aparecem de vez em quando.

Mas e se houvesse um meio de reduzir a intensidade das próprias tempestades? Com a atenção plena, podemos aprender a fazer isso, mudando a maneira como nos relacionamos com aquilo que ameaça nos esmagar. Desenvolver esse tipo de relacionamento é o tema desta semana.

Quando você retorna à sua âncora escolhida na meditação, é fácil acreditar que aquilo que o arrebatou – seja planejar o futuro ou relembrar o passado – é de alguma forma o "inimigo" (como aquela pedra no jardim) e que a meditação pretende ajudá-lo a "se livrar" disso. E, se não consegue se livrar, você falhou. Isso também pode provocar um sentimento de vergonha, como uma criança flagrada em uma travessura. Por essa razão, costumamos ouvir as pessoas dizerem: "Não consigo meditar. Tentei uma vez. Não levo jeito. Minha mente fica sempre divagando... Não sou bom nisso."

Mas e se a divagação da mente não for o inimigo da atenção plena, e sim um aliado? Imagine chegar no primeiro dia da academia e descobrir que não há aparelhos lá. Nenhuma bicicleta ergométrica, nenhum elíptico, nenhum peso, nenhuma esteira. Só uma sala vazia. Você pode se sentir enganado – gastou seu dinheiro na academia para usar os aparelhos. Ainda que não soubesse como usá-los nem entendesse sua importância, perguntaria onde eles foram parar.

Agora imagine que sua mente é como uma academia mental. Se você tivesse uma mente limpa e vazia, seria como entrar nessa academia. Você não teria como se exercitar. Felizmente, quando você medita, os aparelhos de ginástica vêm até você. Um pensamento, uma imagem, uma lembrança, um plano, uma lista de tarefas, impulsos de verificar mensagens, devaneios, reflexões e preocupações... O treinamento em atenção plena não é um meio eficaz de se livrar dessas coisas. Você *precisa* da atividade da mente para realizar a meditação. Aprender a prestar atenção, intencionalmente, momento após momento, sem autocrítica, exige algo que o leve a praticar. E uma mente divagante é exatamente do que você precisa. É como um cachorrinho percorrendo o quintal, recolhendo todos os objetos que você esqueceu. Se isso lembra sua mente, você já dispõe do necessário para começar o treinamento. E não precisa forçar nada ou tentar deter a atividade mental. Longe disso. Como questiona a professora de meditação Helen Ma: e se você não tiver que mudar as coisas, mas apenas "acender a luz", para conseguir ver os padrões mentais com mais clareza?

Atenção plena, construção de modelos e a rede de modo padrão

Desde a publicação de nosso primeiro livro em 2011, a neurociência passou por uma pequena revolução, e com ela a compreensão de como a meditação alcança efeitos notáveis.

Até recentemente, acreditava-se que o cérebro e o sistema nervoso apenas reagissem a estímulos, e os próprios nervos reagiam muito pouco até serem estimulados à ação. Embora os cientistas já dispusessem há décadas de aparelhos sofisticados, como a ressonância magnética funcional, por que persistiu a suposição da passividade – a ideia de que o cérebro espera até receber um estímulo? Porque o principal interesse desses experimentos era o processamento do que acontece quando há um estímulo. Ninguém pensava em escanear o cérebro quando nada estava acontecendo. Você não aluga um tomógrafo caro, põe voluntários lá dentro e depois aguarda que as imagens surjam. É preciso propor algo: uma tarefa, como aquelas envolvendo a memória ou a atenção, bem como "tarefas de controle" para contrastar.

Mas, após um tempo, os pesquisadores começaram a perceber algo curioso. Entre as tarefas, enquanto os participantes descansavam, o cérebro deles continuava ativo. Pareciam cair num "modo padrão". Esse modo padrão, porém, não é como quando você coloca o computador ou a TV em stand-by. Esse modo é bem ativo. Assim, mesmo quando você descansa, o cérebro está agitado com ondas de atividade – o que se tornou conhecido como rede de modo padrão.

Essa rede trabalha sem parar até ser interrompida por uma tarefa que exija uma atenção mais focada, momento em que outra rede (a rede de "tarefas" ou "executiva") entra em ação. Era pela rede de tarefas que a maioria dos neurocientistas se interessava, até começarem a perceber a importância da rede padrão. Acontece que o cérebro está sempre trabalhando, como os outros órgãos vitais do corpo, o coração, os pulmões, os rins e o fígado. Nas palavras da neurocientista Lisa Feldman Barrett em seu livro *How Emotions Are Made*, os 86 bilhões de neurônios do cérebro "nunca ficam ociosos esperando ser acionados".[1]

O que a rede de modo padrão faz com toda essa atividade incessante? Em suma, diz Feldman Barrett, faz previsões. Buscando padrões e completando-os via simulação, usando informações do passado distante e recente para construir modelos mentais do mundo e decidir qual ação deve ser tomada. Imaginação, planejamento, inferência mental, lembranças do que ocorreu e *poderia* ter ocorrido (os chamados contrafatuais) –, tudo isso está sendo usado para gerar planos futuros e solucionar problemas. E esses modelos contribuem para o modelo global da mente – o modelo da realidade que orienta tudo que pensamos, sentimos e fazemos.

Pesquisadores descobriram que, no momento em que você está preocupado, refletindo, a rede de modo padrão está bem ativa, porque a reflexão e a preocupação envolvem imaginação. E quando isso ocorre, fica difícil a rede da tarefa alternativa entrar em ação e assim prosseguir. Por isso, na última semana, você começou a explorar diferentes âncoras para ajudá-lo a achar sua base – sejam pés, assento, mãos ou respiração. Assim, você se deu uma *tarefa* que inibiu a rede de modo padrão.

Nesta semana, você está pronto para dar outro passo: desenvolver um relacionamento diferente com a atividade da rede de modo padrão. No laboratório de sua prática diária, faça uma pausa deliberada para observar até onde o modo padrão o levou e, então, traga ao momento um novo sentimento de apreciação, gratidão e até respeito pela mente.

Para começar o processo de mudar seu relacionamento com a mente divagante e suas tempestades selvagens e incertas, é necessário explorar o exato momento em que você percebe a mente se afastando da âncora escolhida. Essa prática é realizada pausando de maneira consciente por alguns minutos *naquele determinado momento*, para ver com mais clareza para onde a mente foi. Isso deixará você mais familiarizado com a atividade da mente e lhe permite ver os padrões e os lugares aos quais ela retorna repetidas vezes. E se nesses poucos instantes você ainda conseguir cultivar um sentimento de *gratidão* e *admiração* pela mente e por tudo que ela faz, iniciará o processo de transformar sua relação consigo mesmo e começará a substituir frustração por gentileza. Essa abordagem traz dois benefícios: cultiva a mente, porque você está praticando reflexão e observação de suas atividades com mais clareza, e cultiva o coração, para que você aprenda a trazer aos poucos uma sensação de gentileza em relação à mente.

Se você é um meditador experiente, pode ser difícil fazer essa pausa deliberada, porque já está acostumado a perceber quando a mente começa a divagar e automaticamente a traz de volta ao foco escolhido. Isso acontece tão rápido e de maneira tão automática que é um hábito difícil de perder. Ainda mais se você passou muitos anos aperfeiçoando a habilidade de voltar rapidamente a se concentrar na respiração. Se você se identificou, essa pausa deliberada pode parecer uma interrupção na prática, e você pode até experimentar a tendência irritante de retornar ao fluxo de pensamentos. O que também pode desencadear medo de perder suas habilidades básicas de meditação. Não é preciso se preocupar, porém. Essas habilidades estarão sempre presentes caso precise delas no futuro. Em essência, as práticas desta semana ajudam a explorar novas opções sem abandonar as antigas. Você aprenderá a observar *quando* a mente se distraiu e descobrirá *como* usar uma pausa para perceber o que a mente está fazendo, planejando, sonhando, lembrando ou com que está se preocupando. Isso o ajudará a cultivar um momento de gratidão pela mente.

Práticas para a Semana 2

- **Meditação "Faça uma pausa"** – realizada por 20 minutos (meditação 2.2) uma vez ao dia ou por 10 minutos (meditação 2.1) duas vezes ao dia, por cinco dias. Uma vez familiarizado com as instruções, sinta-se livre para usar a versão com instruções mínimas (meditação 2.4) ou aquela com o som de sininho a cada 5 minutos para ajudar a escolher a duração da prática do dia.
- **Meditação "Faça uma pausa", versão 30 minutos** (meditação 2.3) – ao menos um dia nesta semana, sente-se por meia hora usando esta faixa.
- **Prática Diária da Atenção Plena: faça pausas durante o dia** – veja as instruções no quadro da página 91.

Todas as meditações desta semana podem ser encontradas no site www.sextante.com.br/atencaoplenaprofunda.

As meditações também podem ser encontradas no site do autor em franticworld.com/deeper-mindfulness (em inglês).

Meditação "Faça uma pausa"

Este método foi desenvolvido para ajudá-lo a se ancorar no momento presente e cultivar um relacionamento diferente com a mente divagante.

Preparação

1. Você pode meditar deitado – em um tapete de yoga – ou sentado em uma cadeira firme de encosto reto, em uma almofada ou um banco de meditação. Dedique um tempo para encontrar uma postura que apoie sua intenção de estar realmente consciente e presente no momento. Se for confortável, feche os olhos ou abaixe o olhar.

Exploração corporal breve

2. Quando estiver pronto, concentre a atenção e direcione-a aos pés, percebendo as sensações nos dedos, nas solas e no dorso, no calcanhar. Mantenha a atenção nos pés e observe quais são as sensações, por mais fugazes que possam parecer. Veja como vêm e vão, mudando a cada momento. Seja curioso, com um interesse amoroso, ainda que as sensações sejam desagradáveis (ou agradáveis), e lembre-se de que não existe um jeito *certo* de sentir.
3. Agora expanda a atenção lentamente para a parte inferior das pernas, os joelhos, as coxas, até estar consciente das *duas* pernas. E então inclua o contato com o assento da cadeira, do banco ou com a almofada, e perceba as sensações físicas que possam estar aqui.
4. Novamente, expanda a atenção pelo corpo, até a pelve e os quadris. Em seguida, para a parte inferior das costas e do abdômen. Agora leve-a para o alto do tórax, para a frente do peito até as clavículas, subindo pelas costas – até as escápulas, observando todas as sensações físicas na parte superior do corpo.
5. Quando estiver pronto, expanda a atenção outra vez: inclua a mão e o braço esquerdo... depois a mão e o braço direito... depois os ombros... o pescoço... o rosto e a cabeça... até estar consciente de todo o corpo.
6. Você pode permitir – e essa é uma possibilidade real – que todas as sensações do seu corpo fluam da maneira que estão, totalmente presentes no aqui e agora.

Escolha uma âncora

7. Quando se sentir preparado, concentre a atenção onde for mais fácil ancorá-la. Pode ser, por exemplo, na respiração: perceba como o ar entra e sai do corpo. Ou, se preferir, se concentre no contato dos pés com o chão, do corpo com a cadeira ou o tapete, ou das mãos com a superfície onde estão apoiadas. Qualquer que seja a escolha, sinta cada momento da melhor forma que puder.

Faça uma pausa: recupere a mente dispersa

8. Logo você descobrirá que a mente se afasta da âncora para pensar, planejar, lembrar e sonhar acordada. Quando isso acontecer, não se critique nem volte correndo para a respiração. Faça uma pausa deliberada e veja com clareza para onde a mente está indo, talvez dizendo interiormente: "Aqui está o pensamento; é assim que ele é" ou "Aqui está a preocupação; é assim que ela é". Ou: "Aqui estão os planos; é assim que eles são."[2]
9. É possível levar gentileza à mente, talvez admirando sua capacidade de funcionamento. Ou vislumbrando um breve momento de gratidão por ela fazer o melhor que pode.
10. Gentil e lentamente, conduza a atenção de volta para a âncora – leve o tempo necessário antes de voltar para o foco pretendido, permitindo que as sensações do corpo ancorem você no momento presente.
11. Quando a mente se distrair, traga-a de volta. Isso é meditação, é a prática acontecendo agora – reconhecer a mente divagante como uma oportunidade de cultivar a paciência e a compaixão, enquanto traz a atenção de volta, repetidas vezes.

Fim

12. Lembre-se de que o corpo e a respiração estão sempre disponíveis para ajudá-lo a fazer uma pausa, não importa o que esteja acontecendo. Eles oferecem um lugar de quietude e paz no meio do seu dia.

Como foi a sessão na academia da mente? Estava repleta de equipamentos úteis que permitiram a exploração da mente divagante em toda a sua beleza turbulenta? Você achou a experiência frustrante por trazer um leve desespero? Ou se sentiu insatisfeito porque não conseguiu sequer fazer algum progresso? Notou que sua mente estava se afastando e, antes mesmo de fazer uma pausa consciente para prestar atenção no corpo e na mente, ela saltou para outro lugar – e assim continuou, sem parar?

Isso é normal. A mente estava se comportando como de costume. Parece ter vida própria. É provável que você tenha se criticado pela incapacidade de cultivar uma mente calma e limpa. Essa crítica também é comum. É a mente dando o seu melhor para incentivá-lo a se esforçar mais.

A experiência de Ella a surpreendeu bastante. "Minha mente estava divagando, como sempre, e mais uma vez eu comecei a me criticar, até que decidi parar. Em vez de forçar a mente a voltar para a minha âncora, consegui fazer uma pausa por apenas um momento. E foi então, quando meu crítico interno estava prestes a entrar em ação, que uma voz baixinha perguntou: 'O juiz na sua cabeça alguma vez a considerou inocente?'"

"A resposta foi enfática: 'Não.' *Nenhuma vez.* Meu crítico interno está sempre em segundo plano exigindo perfeição. Não importa o que eu faça, ele está pronto para me criticar. Perceber sua constante presença como uma 'característica' semi-independente da minha mente foi um ponto de partida novo e radical. O interessante é que eu já tinha ouvido muitos professores de meditação dizerem que não devíamos nos julgar quando voltamos de uma divagação. Mas isso nunca me convenceu. Eu acabava me julgando. Era meu padrão. Esta meditação me ensinou, por meio da pausa, da gratidão e da desaceleração da jornada de retorno, a fazer o oposto de julgar.

Após algumas dificuldades no início da semana, decidi seguir a prática de instruções mínimas e ignorar pés e pernas (sinto muitas dores nas pernas). E acabou sendo uma das meditações mais tranquilas da semana. Entendi que, depois das breves instruções, poderia facilmente voltar a me concentrar na respiração. No passado, achava os longos períodos de silêncio bastante intimidadores, então foi uma pequena conquista para mim. Meditar dessa forma me ajudou a compreender a orientação de não voltar correndo ao perceber que a mente está divagando. Sou uma mulher que se recrimina muito, e essa breve pausa foi suficiente para me lembrar de ter compaixão comigo mesma e me perdoar. Esses poucos momentos de silêncio e perdão foram o bastante para a minha mente relaxar de verdade, para que eu pudesse persuadi-la a se concentrar de novo na respiração."

O aprendizado de Ella nos mostra que tratar a mente com compreensão, sem forçá-la a se comportar de determinada maneira, faz com que ela passe a se estabilizar por conta própria. A pausa e a gratidão mudam a perspectiva. Você se torna menos intolerante, o que libera mais espaço mental, pois não está tentando se ocupar resolvendo o "problema" da divagação. A mente não entra em batalhas desnecessárias contra ela mesma: uma vantagem real quando se quer uma mente clara e concentrada.

A prática de pausar e sentir – como ajuda?

Testes de laboratório mostram que os praticantes da atenção plena estão mais bem equipados para concentrar e sustentar a atenção e são menos propensos à distração.[3] O treinamento em meditação aprimora os ritmos do cérebro que desempenham um papel crucial em filtrar e otimizar o fluxo de informações sensoriais.[4] Trazer essas habilidades à vida diária pode ser transformador, em especial se você sofre de estresse, depressão e exaustão. Elas ajudam pessoas deprimidas a superar os problemas de atenção e memória que acompanham a doença.[5] Quem sofre desse tipo de transtorno costuma ter dificuldade em filtrar estímulos distrativos,[6] se desligar das distrações[7] e aprender a separar questões importantes e urgentes daquelas irrelevantes e menos prementes (ou seja, entre "sinal" e "ruído").[8] A atenção plena ensina novas habilidades para lidar com essas questões.

A área do cérebro chamada córtex cingulado anterior (CCA) é responsável por monitorar tarefas e manter as coisas nos trilhos. O CCA está ligado tanto às regiões do cérebro envolvidas com a emoção (o sistema límbico), como com aquelas ligadas ao "controle cognitivo" das tarefas (o córtex pré-frontal). Um estudo sugeriu que meditadores experientes praticassem a meditação de atenção focada dentro de um tomógrafo. Os participantes apertavam um botão sempre que observavam a mente divagando. O estudo mostrou que o momento em que percebiam a mente divagando correspondia à atividade crescente do CCA.[9]

> Quando a mente começa a divagar durante a meditação, o CCA desempenha um papel importante em detectar que não é lá que você pretendia estar e, então, leva essa informação de volta às redes de controle executivo, para que a atenção possa se reconcentrar. Estudos mostraram melhorias no funcionamento do CCA depois que as pessoas aprendem a meditar.[10] O melhor funcionamento do CCA permite que você logo perceba a mente divagando e faça ajustes suaves, sem precisar ser abrupto e autocrítico.
>
> A prática da atenção plena ajuda a se concentrar em uma coisa de cada vez e a lidar melhor com a mente quando ela se distrai. A divagação mental é o "aparelho de ginástica" que dá muitas chances de aprender como se relacionar com a mente com gentileza e gratidão, em vez de autocrítica (que só cria mais distração).

Falar é sempre mais fácil do que fazer, como Ana descobriu: "Eu achava que admirar a minha mente era algo muito difícil. Fui ensinada nas aulas de meditação que, quando a mente divaga, 'tudo bem, é o que ela faz, então de maneira gentil mas *firme* traga-a de volta para a respiração'. Mas essa meditação pede para irmos além: pausar, admirar e depois voltar. Achava isso bem complicado. Quando comecei a prestar mais atenção nas instruções da meditação atual, percebi que estava trazendo ideias de minhas práticas anteriores e não estava seguindo o espírito das novas. Então, de maneira gentil, tirei da mente as ideias antigas. Também notei que estava interpretando mal a palavra 'firme' (que nem fazia parte da nova meditação). Eu pensava nela em termos de 'rigorosa' ou 'severa' – como um abraço de urso apertado demais. Então me dei conta de que 'firme' poderia ser como um abraço cordial, amável e protetor – com firmeza, mas gentil. Quando tomei consciência disso, consegui me livrar da ideia do 'firme' e busquei uma atitude mais amável, atenciosa e compassiva. Minhas preocupações desapareceram."

Às vezes, no meio de uma meditação que parece estar indo "bem", uma lembrança ou um sentimento desagradável pode aflorar. É como se um interruptor fosse ligado na mente ou um nervo ou um músculo fosse inesperadamente pressionado, mandando uma dor aguda para a mente ou o corpo. Era o que acontecia com Jess, quando uma lembrança desagradável surgia durante a prática, fazendo com que se sentisse culpada.

"Como levar um sentimento de apreciação ou admiração para a mente quando ela traz de volta essa lembrança horrível?", perguntou.

Algo semelhante aconteceu com Sim durante a Semana 2. Não foi desencadeado enquanto meditava, mas quando se olhou de relance em um espelho de uma loja ao andar pela cidade. "Pensei comigo mesmo: *Você é tão ridículo; tentando ser legal, mas não é. Você sabe disso, por que se esforça tanto?* Isso trouxe de volta vários sentimentos da minha adolescência, quando outras crianças me provocavam. Ao me sentir assim, era impossível ser grato por minha mente. Fazia me sentir um tanto inútil e fracassado por dentro."

Em cenários semelhantes a essas experiências vividas por Jess e Sim, a mente – mesmo gritando de maneira severa – ainda acha que está ajudando. Às vezes é compreensível gritar com alguém, como para alertar uma criança que vai atravessar uma rua movimentada. Você já passou por situações iguais a essa ou sofreu com um pai, professor ou colegas agressivos por muito tempo? A partir de tais experiências ou de um medo instintivo do fracasso, você pode ter adquirido o hábito de fazer autocríticas pesadas que assumem a forma de gritos interiores com você mesmo. Na maioria das circunstâncias, tais gritos não funcionam. Eles apenas o impedem de agir com eficácia, diminuindo a atenção, minando a criatividade e fazendo você se sentir um inútil. Ainda assim, muitos de nós persistimos nessas táticas, como Jess e Sim.

Nessas ocasiões, é um pouco difícil trazer gratidão e admiração para a mente. Em vez disso, veja se é possível trazer um pouco de gentileza, voltando-se com compaixão para as ideias negativas que estão sendo criadas. Talvez ajude dizer para si mesmo: "Tudo bem não gostar disso. Não é preciso fazer nada agora." Retornaremos a essa abordagem com mais detalhes nas Semanas 4 e 5.

A atenção plena pode aprimorar a inteligência?

O Graduate Record Examination (GRE) é um teste padronizado muitas vezes exigido para a admissão em cursos de pós-graduação nos Estados Unidos. Os psicólogos Michael Mrazek, Jonathan Schooler e colegas[11] estudaram os efeitos da atenção plena sobre o desempenho nos testes de raciocínio verbal GRE após duas semanas de prática em sala de aula, 45 minutos ao dia, quatro vezes por semana. Cada aula de atenção plena incluía de 10 a 20 minutos de atenção focada, com instruções de deixar a mente repousar de forma natural, sem tentar suprimir os pensamentos. Os alunos também praticavam por 10 minutos diários fora da aula.

Eles compararam os resultados dos alunos da meditação com outros que passaram o mesmo período de tempo aprendendo sobre nutrição em vez de meditarem, e anotaram o consumo alimentar em casa durante a semana. Todos os alunos do estudo se submeteram a um teste psicológico avaliando a memória operacional, incluindo um indicador de quanto a mente divagava (ou seja, pensamentos não relacionados com a tarefa).

Os resultados mostraram que os praticantes da atenção plena tiveram notas maiores no GRE (um aumento de 16%) em comparação com o grupo da nutrição. O importante é que os pesquisadores constataram que as notas maiores se deveram à menor divagação mental do grupo da atenção plena após praticarem a meditação (sobretudo aqueles cuja mente tendia à distração antes de aprenderem a meditar). O efeito marcante sobre o desempenho deveu-se à capacidade de contornar coisas consideradas difíceis, em vez de ficar remoendo a respeito. Aquilo liberou a capacidade mental dos estudantes para se concentrar em itens posteriores do teste sem distração. A atenção plena pode não tornar você mais inteligente, mas permite que a inteligência existente se manifeste melhor.

Quando Jess e Sim olharam mais de perto para o que acontecia na mente, notaram que havia dois lados: a distração inicial, o lado da lembrança desagradável que surgia do nada na mente, e a reação a essas lembranças. "Quando tomei consciência da tempestade na minha mente, olhei mais de perto", disse Jess. "E me lembrei do que minha professora de meditação ensinou: eu não teria controle sobre o que surgisse na mente, mas teria controle sobre o que aconteceria depois. Então observei minha reação àquela lembrança inicial com muito mais clareza. Percebi que poderia usar esses momentos para aprender a responder em vez de reagir. E foi o que fiz. Assim que meu crítico interno começou a me atacar pela simples ideia de tentar trazer apreciação e admiração para minha mente, respirei fundo e não me importei com a crítica. Disse a mim mesma: obrigada por tentar me proteger. Compreendi que meu crítico interno tinha sido lembrado de eventos dolorosos do passado e tentava estimular minha mente a entrar em ação – erguer seus escudos e preparar suas defesas. Tudo a meu favor. Uma gentileza, pensei. Então, uma vez que reconheci a distração e fui lembrada com êxito de meu passado doloroso, o crítico concluiu seu trabalho e se aquietou. Ficou em silêncio total. Foi estranhamente eficaz. Fui capaz de trazer um pouco de compaixão não apenas para mim, mas também para meu crítico interno. Depois disso, sempre que ele surge, eu reconheço, de maneira gentil, suas preocupações e continuo com a meditação. No entanto, o mais transformador foi levar essa atitude para a vida. Toda vez que o crítico aparecia, eu reconhecia a distração, as preocupações, e ele silenciava. Então, em vez de meus dias serem consumidos por batalhas comigo mesma e com aqueles ao meu redor, passei a ter uma vida mais harmoniosa. Claro, ainda enfrento batalhas, mas menos frequentes, menos violentas e certamente menores."

Uma outra abordagem foi usada por Mira: "Eu já presidi muitos comitês. Em várias dessas reuniões, sempre havia pessoas que demonstravam raiva ou faziam críticas a tudo. Interrompiam o tempo todo, impossibilitando o comitê de focar nas tarefas. Dominavam a reunião de tal forma que intimidavam as pessoas. Eu torcia para que não aparecessem. Não era nada agradável. Depois de um tempo, aprendi a dizer: 'Muito obrigada, alguém mais gostaria de falar algo?' De vez em quando, elas recomeçavam, e eu dizia: 'Obrigada, já ouvimos o que você disse. Alguém mais gostaria de falar?' Dessa forma, tudo se acalmava. No final das contas, aprendi que a maioria dos membros do comitê valorizava a equidade – a sensação de que todos deveriam ser ouvidos – até mesmo os mais difíceis. Quando a pessoa com a voz mais ruidosa parava de falar, uma mais quieta se antecipava e ajudava a direcionar as ideias de maneira benéfica à reunião. Agora, quando deparo com o 'comitê da minha cabeça' distraído e dominado pelo crítico interno, digo de maneira gentil mas firme: 'Obrigada, ouvi sua opinião, alguém mais gostaria de falar algo?' É incrível como isso acalma a turbulência, permitindo que uma voz mais calma e doce seja ouvida."

Espaçoso
de Kaveri Patel

Querido você,
você que sempre tem
tantas coisas para fazer
tantos lugares para estar
sua mente girando como
pás de ventilador em alta velocidade
a cada momento sempre nebuloso
porque você nunca para

Sei que está cansado
sei também que não é sua culpa
O constante zunir da mente é como
um enxame de abelhas ameaçando
atacar se você fechar os olhos

De novo você esqueceu algo
Precisa se preparar para isto ou aquilo
Deveria ter feito aquilo de forma diferente

E se você fechasse os olhos?
O mundo desmoronaria
sem você?

Ou sua mente se tornaria
o céu aberto
bando de pensamentos
voando pelo nascer do sol
enquanto você observa e sorri

Ana gostava desse poema. Identificar-se com ele trazia esperança para o futuro. Ela penou na Semana 1 e durante metade da Semana 2. Até que, enfim, algo mudou:
"Pensei comigo mesma: como tive dificuldade, acabei forçando a barra para fazer a meditação funcionar. Mas não encontrei o que procurava. Continuava mais estressada e mal-humorada do que nunca. Percebi que não estava totalmente comprometida com o espírito das práticas. Eu seguia as instruções ao pé da letra, mas não me comprometia de verdade com seus valores internos. Então cheguei à conclusão de que vale a pena experimentar. Tentarei fazer uma pausa, depois me maravilhar e voltar a me ancorar no restante dessa semana. Vou me comprometer com o espírito dessas ideias.

Sei por experiências anteriores que oferecer generosidade, compaixão e gentileza a mim mesma transformou meu cotidiano quando tentei. Mas tenho algumas lembranças horríveis, então o desafio é oferecer essa mesma gentileza para elas. Foi difícil, mas aos poucos algo parecia mudar. Saber que poderia fazer uma pausa a qualquer momento me ajudou bastante. O que proporcionou uma perspectiva diferente foi perceber que minha mente trouxe essas lembranças à tona por um motivo, mas não significava que eu deveria alimentá-las para piorar a situação. Não precisava que se apoderassem da minha vida e me definissem como pessoa. Sim, essas coisas horríveis aconteceram – foram parte da minha história –, uma pequena parte de mim, não meu todo.

Uma felicidade profunda, quase no final da Semana 2, trouxe uma calma que havia muito tempo não sentia. Eu estava realmente 'presente', como nunca antes. Foi bem incrível. Senti os benefícios da prática e resolvi, da melhor forma que pude, deixar de lado todos os autojulgamentos sobre ser uma pessoa ruim. Reconheço que, no final da semana, percebi os autojulgamentos retornando, pensamentos do tipo 'quão melhor eu deveria estar agora', e me decepcionei por não ser capaz de manter aquela sensação anterior de calma. Então percebi que estava sendo atraída para o turbilhão e consegui sair bem mais rápido do que costumava acontecer."

Prática Diária da Atenção Plena: faça pausas durante o dia

Nesta semana, tente fazer pausas durante o dia para entrar em sintonia com a percepção do mundo ao seu redor. Concentre-se a cada dia em uma "porta sensorial" diferente (paladar, visão, tato, olfato e audição), passe alguns momentos registrando as sensações e perceba se são agradáveis, desagradáveis ou neutras. Manter em segundo plano as sensações da respiração ou dos pés no chão pode ajudar.

- **Dia 1 – Paladar:** qual é o tom de sentimento do primeiro gole da primeira bebida do dia? Ou o sabor do café da manhã? Ou da primeira garfada do almoço? E das outras?
- **Dia 2 – Visão:** observe o que os olhos captam ao seu redor quando se senta ou se move. Faça uma pausa para observar se é agradável, desagradável ou algo mais neutro.

Nos próximos dias, faça pausas no cotidiano, focando em cada sentido, percebendo o que está captando naquele exato momento. Antes do momento desaparecer, veja se consegue notar se é agradável ou não:

- **Dia 3 – Tato**

- Dia 4 – Olfato
- Dia 5 – Audição

Sinta-se à vontade para registrar as experiências no diário ou na agenda quando tiver uma chance.

CONECTE-SE COM SEUS SENTIDOS TODOS OS DIAS

O que você achou da prática de se reconectar com seus sentidos? Foi difícil? Reveladora? Estimulante? Ou uma mistura desses três? Noah teve a impressão de que alguns sentidos são mais difíceis de envolver do que outros. A audição e visão foram os mais fáceis: "Eles sempre estavam bem aqui", disse ele. "Mas tive que me concentrar intencionalmente no *paladar*. Parecia haver uma distância entre nós. Até mesmo saborear as coisas mais familiares, o café, por exemplo, me levava a lugares aonde eu naturalmente não iria. Então notei algo diferente, mais profundo. Quando percebia algo – de fato percebia – tudo em volta se tornava mais vívido, não apenas o sentido que eu estava observando. Entendi isso no terceiro ou quarto dia, quando estava caminhando pelo bosque e decidi me concentrar na audição. Ouvi o farfalhar das folhas ao vento, o canto dos pássaros e o estalo das árvores. Então percebi o cheiro do bosque. Pude sentir vários aromas – a terra, o cheiro resinoso dos pinheiros, até a umidade do ar. Concluí que os cheiros são muito mais complexos, com incontáveis camadas. Eu não estava apenas me envolvendo com o sentido do olfato, mas também com todos os outros sentidos. De repente, me senti conectado ao bosque – quase parte dele – porque *todos* os meus sentidos estavam tentando se conectar com o mundo ao redor. Acho que nunca vivenciei nada assim antes – pelo menos desde a infância, quando tudo parecia novo e mágico."

A experiência de Noah é importante porque destaca os bloqueios mentais que podem impedir um sentido de exercer seu impacto total.

Lembra-se do Capítulo 2, em que revelamos que o cérebro *prevê* o que você sentirá? Voltar a atenção de maneira intencional para os sentidos coloca a mente preditiva em segundo plano, ao mesmo tempo que o traz de volta ao momento presente *como ele é*. Uma vez que você preste atenção total em um único sentido, a mente preditiva temporariamente retrocede para o segundo plano, permitindo uma reconexão automática com os outros sentidos também.

Ana conta como foi sua experiência: "Ao me permitir ter consciência do que está acontecendo – do que vejo, ouço e cheiro –, me senti mais conectada com tudo em volta. Comecei a desfrutar muito mais o cotidiano, apenas me conectando com as pequenas coisas e colocando foco nelas. Esta semana salvei uma abelha presa no canto da sala. Normalmente, eu nem teria percebido sua presença lá, mas estava me concentrando na audição, então ouvi zumbidos frenéticos. É incrível o que deixamos passar."

Jess se deu conta de que a atenção plena reside nos detalhes: "No último domingo, saímos para uma longa caminhada. Meu parceiro estava mais lento que de costume. Fico bastante incomodada por ter que esperar ou diminuir o ritmo, o que me dá uma sensação de culpa. Dessa vez, decidi fazer algo novo e pensei: *Eis uma boa chance de praticar a atenção plena diária e aproveitar os sons e a paisagem*. Quanto mais eu observava, mais apreciava aquele local. Fiquei encantada com os arredores, e a sensação de apenas observar me trouxe quietude. Algo muito profundo. Agora entendo quando as pessoas falam que a atenção plena não consiste em buscar grandes transformações ou algum tipo de iluminação. Ela se encontra nas sutilezas. E na união dessas pequenas realizações – elas se complementam, até você alcançar uma consciência tranquila."

COMO EM OUTRAS ÁREAS da atenção plena, você pode conhecer um conceito e ainda assim não encontrar motivação ou tempo para colocá-lo em prática. Isso costuma acontecer porque a mente tem que lidar com problemas mais urgentes. E essa é mesmo sua função. A mente preditiva sempre tem uma lista de projetos a resolver; a solução de um é um sinal para começar a resolver o próximo.

Concentrar-se nas sensações dá um descanso a essa ladainha de "coisas que preciso fazer". Essa simples atitude, além de resultar em maior prazer sensorial, reaviva sentimentos de curiosidade, surpresa e deslumbramento. Em muitos casos, quando o modo Conduzido está um pouco mais calmo, você percebe que tem mais tempo e energia para fazer escolhas intencionais sobre o que realmente gosta e tem que fazer a seguir.

Ao aplicar essas práticas, você observa que algumas coisas são agradáveis em certas ocasiões e desagradáveis em outras. Sair para uma longa caminhada pode ser maravilhoso, mas é cansativo. Ir a um show ou a uma casa noturna é uma festa sensorial – por um tempo. Com tanta coisa acontecendo, é fácil perceber como experiências sensoriais agradáveis e desagradáveis podem se misturar e mudar a cada momento. Essa é a essência dessa prática. Ela ensina progressivamente que tais "micromomentos" se desenrolam com liberdade, cada um desencadeando tons de sentimento agradáveis, desagradáveis e neutros. Em um instante, algo é agradável, até que uma "porta sensorial" diferente se abre e você passa a achar desagradável. Você pode saborear sua bebida favorita e, ao mesmo tempo, sentir uma pitada de desprazer se estiver muito quente ou muito fria, muito doce ou pouco doce, muito forte ou fraca e sem gosto. Não costumamos notar essas nuances porque as reações são automáticas. As constantes mudanças dos tons de sentimento podem deixá-lo desnorteado sem que você perceba. No entanto, o que você gosta ou não tem efeitos profundos, quer você veja, sinta, saboreie, cheire ou toque. Ao tomar consciência disso, e de seus efeitos, você aprende a responder conscientemente em vez de reagir.

Ou, como disse Ana: "Me tornei muito mais consciente da beleza. O mundo está repleto dela se você parar e observar. Comecei a perceber as estrelas ao anoitecer, as gotas de orvalho no varal, a ouvir o canto dos pássaros no jardim. Foi emocionante porque me dei conta de tudo isso em um lugar muito familiar, meu pequeno jardim, que agora me traz uma sensação de assombro."

CAPÍTULO 7

Semana 3: Redescubra a sensação das coisas

Gwyneth tem 90 anos e gosta de acompanhar a tecnologia. Sentada em sua poltrona favorita perto da janela, olhava de maneira concentrada, olhos semicerrados, para o iPad.

Até que o iPad emitiu uma série de cliques altos.

"Ah, de novo não!"

Gwyneth adora que o iPad tire fotos, mas se queixa que às vezes ele é "esperto demais" porque tira uma sequência de fotos no espaço de um segundo. O que sempre acontece quando ela aperta um dos botões por tempo demais. Ela costuma fazer isso sem querer, e só depois descobre que tirou 15 fotos quase iguais da cadeira, de seu colo, da ponta do nariz ou da parede.

Antes de pensar em interromper o equívoco, as fotos são carregadas para a galeria, e o dispositivo grava uma nova "lembrança" com uma das músicas da playlist. E, às vezes, uma pequena caixa de diálogo aparece perguntando: "É você mesmo?"

Os modelos mentais do mundo são mais ou menos assim. Existe, porém, uma diferença fundamental: embora a primeira imagem de uma sequência de fotos mentais possa se basear em dados sólidos do mundo físico "real", as seguintes são geradas *internamente*, com base na combinação da primeira imagem com sequências semelhantes do passado.

Conforme a sequência de fotos mentais se revela, as imagens internas *podem* ser atualizadas quando comparadas a dados atuais enviados pelos sentidos – mas podem não ser. Se os dados atuais dos sentidos não forem fortes ou precisos o suficiente para contradizer a sequência de fotos, a experiência consciente surgirá somente de suas imagens geradas internamente, e não do que você está observando.

É quase como se dois fluxos paralelos de informações percorressem o cérebro; um com dados brutos vindos dos sentidos; o outro, um fluxo de vídeo virtual. Esse fluxo virtual, uma sequência rápida dos modelos mentais, constrói-se a partir das previsões daquilo que provavelmente vai acontecer de um momento para o outro e se baseia no que aconteceu no passado.

Se isso parece difícil e complicado, é mesmo. Porém, é mais fácil do que o cérebro depender completamente de novos dados. Para processar novos dados, é preciso mais esforço do que para se basear em dados antigos.

Os efeitos disso podem ser vistos no dia a dia. Ao caminhar, é provável que você não sinta os pés em contato com o chão. Sua experiência será um ciclo mental virtual criado a partir das previsões de como é normalmente andar.

Na verdade, você só reconhecerá esse mundo virtual se cometer um erro, ao se confundir com uma faixa que parece marcar o meio-fio. O cérebro assimilou a informação, a sequência de fotos previu que era o meio-fio, e então você tropeçou do nada. Pode acontecer com qualquer um, mas pense nas implicações: se fosse de fato um meio-fio, não uma faixa branca, a experiência de tropeçar teria vindo do modelo mental preditivo, em vez das sensações atuais.

Mas você tropeçou, o que o forçou a se reconectar com o mundo físico real, mesmo que por poucos segundos, antes de a mente começar automaticamente a construir um modelo mental atualizado. Esse pequeno erro foi um momento de reconexão com o mundo: talvez o único em um dia cheio de situações.

O cérebro só consegue funcionar dessa forma, baseando-se em modelos virtuais, porque o mundo é quase sempre previsível. O cérebro só precisa sintetizar as probabilidades do passado, gerar uma sequência de fotos a partir dos dados iniciais, e vez ou outra checar o fluxo de dados, corrigindo-os se necessário.

Esses modelos mentais parecem reais e familiares porque são construídos a partir de seu próprio passado. Eles são pessoais, íntimos, o que os torna predominantemente convincentes. Apesar disso, com um pouco de esforço, é possível remover o véu e observar o mundo real conforme ele se revela quadro a quadro.

Lembra-se do que aprendemos no Capítulo 3 com o experimento de Eadweard Muybridge e como ele provou que cavalos galopando levantam ao mesmo tempo as quatro patas do chão (ver página 35)? Isso só foi possível porque ele tirou uma série de fotos que capturaram os dados reais – patas de um cavalo galopando, quadro a quadro. Ao reduzir tudo à imobilidade, ele revelou os padrões subjacentes do movimento. Nesta semana, você aprenderá a olhar de maneira semelhante para suas experiências.

As práticas a seguir revelarão aos poucos o primeiro momento em que algo surge em sua experiência, mostrando, quadro a quadro, como a pulsão de reatividade na mente cria seu mundo virtual com base no tom de sentimento. Elas vão mostrar como o mundo interno é construído a partir de momentos agradáveis, desagradáveis ou neutros. Embora você não os controle, eles moldam cada instante de sua vida e sua maneira de ver o mundo. Momentos que levam a momentos futuros. E são esses momentos subsequentes que podem ser guiados e, enfim, mudados.

Para isso acontecer, você precisará ir contra a corrente e registrar o que acontece no primeiro instante em que um pensamento, sentimento ou sensação surgir. Vai explorar como é perceber sua experiência quadro a quadro.

Você aprenderá a ver o primeiro indício de um sentimento. Não um sentimento no sentido de uma emoção "totalmente desenvolvida", como tristeza ou entusiasmo, preocupação ou relaxamento, mas como a sensação de situações "agradáveis" ou "desagradáveis". Ela *é* o tom de sentimento, o *vedanā*, de um momento. Para ter uma ideia do que é de fato, tente fazer o exercício seguinte.

A sensação das coisas

Olhe para os itens abaixo. Veja se consegue registrar a *sensação* que lhe causam: agradável, desagradável ou neutra. Não há resposta certa ou errada, e você não precisa pensar muito. A primeira reação é o que vale.

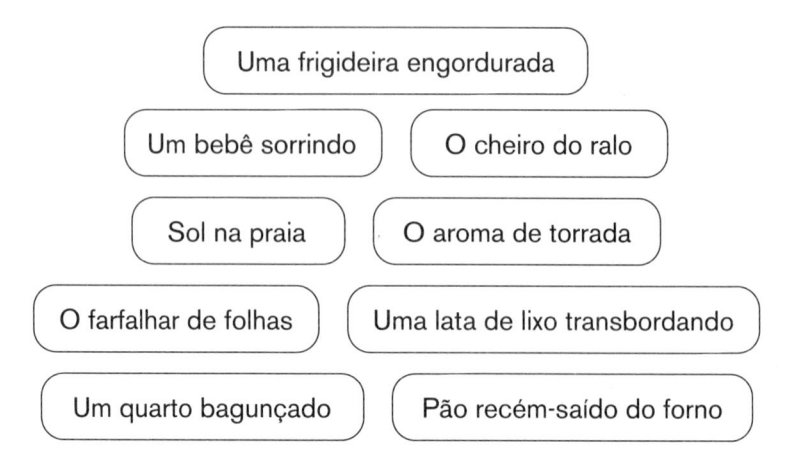

- Uma frigideira engordurada
- Um bebê sorrindo
- O cheiro do ralo
- Sol na praia
- O aroma de torrada
- O farfalhar de folhas
- Uma lata de lixo transbordando
- Um quarto bagunçado
- Pão recém-saído do forno

O que você notou? A maioria das pessoas afirma que até mesmo *imaginar* pão quentinho já causa uma sensação agradável. Elas instintivamente sabem que gostam daquilo. Não precisam pensar muito tempo sobre isso. Mas a maioria tem certa dificuldade em dizer que não gosta do cheiro do ralo. De novo, trata-se de uma reação imediata. Claro que as pessoas diferem no que acham agradável ou desagradável, e em quão *forte* é o tom agradável ou desagradável, mas ainda assim ele pode ser detectado.

Não precisamos saber exatamente *como* reconhecemos o tom de sentimento, ou quão poderoso ele é, apenas temos a sensação imediata ou a "leitura" de que algo é agradável, desagradável ou neutro. Temos uma noção perceptível disso.

Essas experiências não são estáticas. A mesma experiência pode ser agradável em uma ocasião e desagradável em outra. O farfalhar das folhas pode ser agradável quando se caminha durante um dia ensolarado de outono. O mesmo farfalhar pode ser desagradável se você achar que está sendo causado por um intruso em seu jardim. Essas diferenças são significativas e mostram a importância de não supor o que está prestes a acontecer. É importante também saber que não é possível mudar a *sensação* real dos tons de sentimento quando estão surgindo. Você não consegue fazer um treino para registrar um sentimento *desagradável* como *agradável*. Eles são como são. Mas você pode descobrir como mudar o que acontece a seguir. Pode aprender a impedir que tons de sentimento desencadeiem sucessões de pensamentos, sentimentos, emoções e até mesmo sensações físicas negativas. A *consciência* desses tons de sentimento faz você ver com mais clareza os efeitos que eles causam nos momentos seguintes, e é então que pode reagir de maneira diferente. Você pode aprender a evitar que os tons de sentimento desencadeiem as reações instintivas habituais que atrapalham a vida. São as reações subsequentes – a pulsão de reatividade – que causam os danos. Como vimos no Capítulo 1, funciona da seguinte maneira.

Coisas que parecem *agradáveis* tendem a levar, no momento seguinte, a um desejo natural de que permaneçam vivas e um receio de que desapareçam. Tais percepções podem desencadear sensações de saudade, de melancolia e de sutil insegurança, o que pode desencadear os primeiros sinais de ansiedade e estresse, e o sentimento de vazio e isolamento. Portanto, é natural querer se agarrar ainda mais à felicidade inicial e ansiar pelo retorno dos sentimentos agradáveis.

Já as que são *desagradáveis* tendem a produzir uma sensação de aversão, um desejo de afastá-las, de se esconder, de fugir e resistir às suas sensações. O que gera tensão e estresse, ansiedade e medo, infelicidade e exaustão. Pode desencadear também sentimento de injustiça, e você começa a achar que é azarado.

Situações que são neutras tendem a ser seguidas pelo "desligamento" da mente; sensação de tédio, niilismo e até de desconexão. O que pode provocar uma busca por mais estímulos, qualquer coisa que elimine a sensação de inutilidade. Ou seja, até os tons de sentimento neutros podem levá-lo a uma espiral de emoções negativas.

Tons de sentimento não param de acontecer, indo e vindo como as ondas do mar. Na prática, um é logo substituído pelo outro, e depois mais outro, em um ciclo que parece infinito de pequenos altos e baixos e vazio. Isso garante que a mente se autocorrija, ao mesmo tempo que se mantém ágil e criativa. Mas às vezes as coisas podem não sair como esperado. Nas próximas semanas, examinaremos como isso pode acontecer, e você aprenderá como corrigir o desequilíbrio para voltar a ter uma vida mais feliz, mais satisfatória e harmoniosa. O primeiro passo é aprender a observar os tons de sentimento assim que surgem, quadro a quadro.

Práticas para a Semana 3

- **Meditação "Tom de sentimento"** – a ser realizada por 10 minutos duas vezes ao dia (meditação 3.1) ou 20 minutos uma vez ao dia (meditação 3.2). Em ao menos um dia desta semana, o ideal é que você medite por 30 minutos (meditação 3.3). Uma vez familiarizado com as instruções, valerá a pena usar a versão com instruções mínimas da meditação (3.4) ou praticar o período de tempo escolhido usando a faixa com som de sininhos. Você também pode anotar no diário (ou na agenda) descobertas, prazeres ou dificuldades encontrados nas meditações. No total, essas meditações de tons de sentimento devem ser praticadas em ao menos seis dos próximos sete dias.
- **Prática Diária da Atenção Plena: uma reflexão ao fim do dia sobre o tom de sentimento** – ao final de cada dia, reserve algum tempo para que os acontecimentos despontem em sua mente. Observe o tom de sentimento de cada um. Veja o quadro da página 106. Ou você pode usar a meditação de áudio 3.5 nos próximos dias para se familiarizar.

Todas as meditações desta semana podem ser encontradas em www.sextante.com.br/atencaoplenaprofunda.

As meditações também podem ser encontradas no site do autor em franticworld.com/deeper-mindfulness (em inglês).

Na meditação "Tom de sentimento" a seguir, você será convidado primeiro a "se ancorar" na respiração e no corpo; depois, deve transferir sua atenção das sensações da superfície do corpo para aquelas que estão dentro dele; em seguida, para os sons; e então para pensamentos ou emoções que surgirem. A intenção é perceber o tom de sentimento que aparecer. Se você estiver pensando nas próximas férias ou se ouviu um pássaro cantando, registre como *agradável*. Se ouviu um caminhão barulhento lá fora ou sentiu dor nas costas, registre o tom de sentimento como *desagradável*. Não é preciso pensar demais nem saber *como* o reconheceu.

A ideia é apenas registrar a sensação: agradável, desagradável ou neutra. De vez em quando, você pode achar que não está acontecendo nada: é normal – não é preciso sentir sempre. Se um som ou pensamento acontecer e você não souber identificar como agradável ou desagradável, não se preocupe. Logo outro aparecerá. Ao registrar um tom de sentimento, não é necessário usar apenas as palavras "agradável", "desagradável" ou "neutro". Utilize suas próprias palavras para descrever as sensações, tais como "mais ou menos", "gostei" ou "não gostei".[1] Tente palavras diferentes para descrever seus tons de sentimento e veja quais lhe parecem mais adequadas. Ou imagine um mostrador com um ponteiro que se move para a esquerda e para a direita, ou talvez um mostrador colorido com a cor vermelha de um lado, sinalizando desagradável, e verde do outro, sinalizando agradável. Assim como algumas pessoas são "visuais" no modo de se relacionar com o mundo e outras "cinestésicas", todos nós temos jeitos ligeiramente diferentes de registrar os tons de sentimento. Você pode usar o primeiro dia de prática para ver quais palavras funcionam melhor no seu dia a dia. Neste livro, optamos por agradável, desagradável e neutro.

Meditação "Tom de sentimento"

Preparação
1. Sente-se em uma cadeira, banco ou almofada. Relaxe os ombros e deixe o topo da cabeça apontando para o alto, de modo que a postura exprima uma sensação de estar presente, desperto em cada

momento. Depois escolha uma âncora como nas Semanas 1 e 2: a respiração, os pés, o contato com o assento ou as mãos.
2. Quando se sentir pronto, expanda o foco de sua consciência para todo o corpo.

Tom de sentimento de sensações corporais e sons[2]

3. Sentado, traga a consciência para as sensações mais marcantes no corpo e tente registrar se são agradáveis, desagradáveis ou neutras. O tom de sentimento pode ser bem sutil em muitas sensações, portanto não se preocupe se tiver dúvida. Simplesmente aguarde a chegada de outra sensação.
4. Quando se sentir pronto, expanda da melhor forma possível a atenção para os sons, registrando a tonalidade – agradável, desagradável ou neutra. Não precisa pensar demais. Apenas registre o que o corpo e a mente já sentem quando um som é captado.

Tom de sentimento das distrações

5. A certa altura, quando se sentir pronto, deixe os sons voltarem ao segundo plano e retorne a atenção à âncora.
6. Quando perceber que a mente se distraiu, veja se é possível notar o tom de sentimento da distração (como fez com as sensações corporais e os sons). Pode ser algo ocorrendo fora ou dentro do corpo ou da mente (uma lembrança, um plano, um devaneio ou preocupação). Seja o que for, dedique um momento para ter uma sensação agradável, desagradável ou neutra.
7. Ao registrar o tom de sentimento, traga a atenção de volta ao corpo. Ancore-se de novo nesse momento. E quando surgir a próxima distração, registre seu tom de sentimento antes de voltar à âncora. Lembre-se de não forçar a barra – se for difícil de registrar, espere algo diferente surgir.
8. Em silêncio, permaneça sentado enquanto dá continuidade a essa prática, verificando de tempos em tempos onde sua mente está, e

> notando o caráter agradável ou desagradável do lugar para onde ela foi.
> 9. Lembre-se de que, se algo parecer sufocante, você pode parar de registrar a tonalidade e trazer o foco da atenção de volta à âncora escolhida.
>
> **Fim**
> 10. Nos últimos instantes da prática, volte o foco para a âncora escolhida e para a simplicidade das sensações que surgem e desaparecem.

Drew teve dificuldades no decorrer dos primeiros dias da Semana 3. Ele achou complicado não julgar os tons de sentimento, mesmo depois de o professor de meditação ter passado um bom tempo explicando como registrá-los sem julgá-los ou interpretá-los. Apesar dos esforços, Drew não conseguia captar a essência da ideia, então se viu fracassando repetidas vezes. "Foi um pesadelo, para ser sincero", disse. "Passava o dia todo no trabalho julgando e comparando meus tons de sentimento, então o propósito de apenas perceber a presença de algo me parecia estranho. Assim que eu notava um tom de sentimento, a parte intelectual da mente entrava em ação, julgava os sentimentos e disparava questionamentos como: *Isso é realmente agradável? Tem certeza? Agora não parece com nada... talvez seja desagradável...*

A experiência de Drew não é incomum. Julgar e comparar é tão dominante que pode ser bem difícil apenas perceber a presença de algo – e parar por aí, sem avançar mais. O conceito de que algo *apenas é* pode ser complicado de aceitar. É tão esquisito aos olhos da "racionalidade" da cultura ocidental que pode parecer uma afronta para muitas pessoas. E tende a piorar porque, pelo menos superficialmente, registrar pode parecer um *julgamento*, como se você estivesse *decidindo* se algo é agradável, desagradável ou neutro. Pode parecer que está categorizando as coisas em um nível intelectual, mesmo quando não está. Essa dificuldade é agravada pela natureza dos próprios tons de sentimento. Eles podem surgir muito rápido, um após o outro, ainda mais se você estiver se sentindo cansado, estressado ou agitado. Se você passar muito tempo tentando julgar uma experiência, em vez de simplesmente registrá-la, o próximo tom de sentimento pode surgir antes mesmo de o primeiro ser avaliado, de modo que toda a experiência parecerá apressada, confusa e até mesmo exaustiva.

"Tudo parecia tão confuso!" disse Drew. "Passava um tempão tentando decidir se estava apenas registrando um tom de sentimento ou julgando de novo. Como se eu não percebesse se algo estava lá ou não."

Caso se sinta sugado por um lamaçal de pensamentos, dê um passo mental para trás da forma mais gentil que puder. Em vez de tentar decidir se fez um julgamento ou o registro de um tom de sentimento, observe somente o que acontece depois. Cada reação deixa para trás uma pequena "impressão digital": ao *registrar* um tom de sentimento, há uma sensação imediata de simplicidade, um sentimento de superação da experiência; ao *julgar* um tom de sentimento, surge uma sensação de complexidade e de pendências que precisam ser resolvidas – você pode passar muito tempo na experiência, comparando-a com outras semelhantes do passado e se perder em pensamentos.

Amelie passou por dificuldades semelhantes às de Drew: "Foi exatamente isso que me deixou estagnada. Achei o conceito dos tons de sentimento muito interessante à primeira vista. Foi algo novo para mim, que adicionou camadas extras à meditação. Estava acostumada a reconhecer pensamentos e sentimentos, então registrá-los como agradáveis, desagradáveis ou neutros elevou o processo a outro patamar. Achei muito difícil dar uma pausa para registrar um tom de sentimento e então esperar outro aparecer. Meu cérebro entrava em ação e começava a analisar: 'Por que isso é agradável, por que me acalma?' 'Por que é neutro?' 'Eu costumava gostar disso, mas não gosto mais – por que não gosto?' 'Por que esse pensamento é desagradável?' 'Por que acho desagradável se outras pessoas não acham?' Mente hiperativa! Quando esse tipo de situação tinha início, eu era arrebatada por esses pensamentos e me perdia. Às vezes, voltava à infância ou me pegava planejando a próxima semana ou me entregava aos sentimentos de irritação. Esse processo costumava ser bem desgastante."

A hiperatividade mental é comum. É desencadeada quando um pensamento impulsiona a mente "conceitual". Ela acontece em dois estágios. Primeiro, a mente intelectual quer julgar a experiência e a compara com outras, baseada em lembranças semelhantes do passado. A mente, então, começa a fazer perguntas com o objetivo de definir *por que* a experiência é do jeito que é. E surgem questões como: por que eu era feliz e não sou mais? Cada pergunta deixa a mente mais agitada, causando mais excesso de pensamentos.

Noah teve problemas semelhantes e ficou ainda mais "obcecado por ter que acertar": "Achei desmoralizante, como se não conseguisse fazer a coisa direito. Cheguei à conclusão de que a meditação dos tons de sentimento piorava a minha tristeza. Trazia lembranças antigas e ideias negativas sobre mim. Era tudo muito desafiador. Fui tomado pela ideia de que havia um jeito certo e errado de meditar, que era bastante complicado e difícil de entender, e acabei me convencendo disso. Analisava minhas meditações diárias e travava um debate comigo mesmo sobre se eu já havia 'entendido'. Então, os velhos padrões de pensamento circular entraram em ação. Comecei a fazer perguntas obsessivas: *O que há de errado comigo? Sou tão inútil.*"

Noah não era "inútil" e sua experiência não era incomum. É impossível falhar na meditação. Em muitos casos, momentos de aparente fracasso são exatamente o oposto disso. Quando você percebe a mente divagante, recusando-se a ancorar, quando julga em vez de registrar os tons de sentimento e quando sentimentos mais difíceis começam a surgir, esses não são momentos de fracasso, mas de esperança. São momentos de reconhecimento, de atenção plena – em que se obtém um vislumbre do funcionamento da mente. E esses vislumbres, aos poucos, lhe dão o poder de responder, em vez de reagir.

No entanto, caso sinta que esses pensamentos, emoções e sentimentos negativos estão começando a esgotá-lo, lembre-se de que você pode dar uma pausa na meditação ou até mesmo deixá-la de lado por um ou dois dias, e entrar em sintonia com seus tons de sentimento conforme vive o dia a dia normalmente. Se isso também for difícil ou traumático, abandone a atividade por um tempo e espere que um tom de sentimento claro apareça.

Noah passou por essa experiência e a achou libertadora: "Parei de ouvir as faixas de meditação por alguns dias e decidi dar um tempo de tudo. Dias depois, estava colocando leite em uma jarra e percebi que aquilo parecia diferente. E era... era agradável. Não precisei nomear a situação conscientemente. Eu apenas soube. Então consegui perceber mais momentos agradáveis e desagradáveis sem ficar preso no processo de procurar por eles. Era como se tivesse decifrado aquilo – conseguia fazer isso se não me esforçasse demais. Essa situação me convenceu de que as meditações estavam surtindo um efeito positivo sobre mim. Fiquei confiante para recomeçar as práticas."

Algumas pessoas podem achar a simplicidade dos tons de sentimento difícil de entender, acreditando que estão deixando escapar algum elemento, nuance ou complexidade escondida. Para Amelie, o exercício a seguir foi um meio útil de esclarecer as coisas.

Capte a simplicidade dos tons de sentimento

Imagine que uma bola foi arremessada na sua direção. Assim que você a agarra, sabe se é dura ou macia. Não precisa pensar a respeito.

Você também consegue perceber se uma sensação, um som, um pensamento ou um impulso é agradável ou desagradável?

Se você passa muito tempo pensando sobre o tom de sentimento, tentando descobrir o que é ou por que é como é, ponha o julgamento cognitivo de lado e entre em sintonia com o imediatismo da sensação agradável ou desagradável – como o imediatismo da sensação de uma bola sendo dura ou macia. Se não houver nada de imediato a ser sentido, tudo bem. Deixe o momento passar e aguarde a chegada do próximo.

A ideia de pegar uma bola e saber de imediato se é dura ou macia impressionou Amelie. Ela gostou de saber que a maciez da bola é mais uma sensação do que um pensamento.

Ao permitir que a sensação estivesse presente, ficou mais fácil parar de analisar a experiência: "Me ajudou muito", disse. "Eu não estava analisando meu pensamento de maneira consciente. Tudo o que tive de fazer foi me lembrar com gentileza de não querer muitos detalhes, e então pude evitar uma lógica complexa. Mas só entendi o processo quando o abordei dessa forma."

Outra alternativa é não fazer absolutamente nada: deixe a mente realizar seu trabalho, observando o pensamento e depois percebendo o tom de sentimento do fluxo de pensamentos. Afinal, isso está agora em primeiro plano em sua consciência. E se pensar parecer frustrante, veja se é possível perceber a tonalidade dessa frustração.

QUERER TER CERTEZA

Pouco depois, Amelie se viu inquieta sobre se havia identificado mesmo um tom de sentimento ou vivenciado a vibração de algo diferente, como um pensamento ou uma sensação. Os tons de sentimento podem ser muito sutis. E quando aparecem no corpo, nem sempre são óbvios. Às vezes, mais parecem uma onda de sensação, um leve vislumbre ou até mesmo uma cor.

É importante entender que pode ser difícil notá-los, o que é perfeitamente normal. Entender é libertador por si só. Não querer ter certeza abre um espaço que lhe permite ver o que está acontecendo ao seu redor e onde você começa a se aceitar.

Prática Diária da Atenção Plena: uma reflexão ao fim do dia sobre o tom de sentimento

Esta prática amplia o treinamento direcionando a atenção ao tom de sentimento do que aconteceu ao longo do dia.

1. Note o contato do corpo com a superfície em que você está sentado ou deitado ou ancore a atenção na respiração.
2. Permita que os acontecimentos do dia venham à mente. Ao se lembrar de cada um, por menor ou maior que seja, deixe que repouse por um momento na mente e observe seu tom de sentimento – a sensação *atual*. Agradável, desagradável ou neutra?
3. Permita que o acontecimento seguinte venha à mente se parecer que não há um tom de sentimento a registrar.
4. Observe se você está sendo levado a pensar *sobre* a experiência e tente voltar ao registro da tonalidade sem julgamento – agradável, desagradável ou neutro – antes de passar ao acontecimento seguinte. Você pode imaginar cada acontecimento como uma conchinha que pega na praia, olha e depois coloca de volta na areia.
5. Retorne à sua âncora por uns momentos para finalizar a prática.

Conforme você avança pela Semana 3, pode notar que, às vezes, os tons de sentimento são agradáveis e desagradáveis ao mesmo tempo. Para Amelie, uma dor de cabeça leve coexistia com uma sensação agradável de paz, e no momento seguinte ambas davam lugar a uma sensação agradável de formigamento. À medida que a Semana 3 passava, ficava mais fácil perceber o momento exato em que um tom de sentimento surgia para então seguir em frente. Durante a prática do fim do dia, ela disse: "Percebi uma menor tendência de me envolver nas histórias. Apenas experimentava o sabor do agradável/desagradável/neutro, e já era o suficiente."

Pode ser bastante frustrante errar repetidas vezes o mesmo ponto da meditação. Para Alex, era fácil sentir os tons de sentimento no corpo, mas complicado notar aqueles relacionados aos sons. Tinha muita dificuldade em isolar "o momento exato" em que o som ocorria e então perceber o tom de sentimento. Era como se algo tivesse dado errado: "Não conseguia decidir se o som era agradável, desagradável ou neutro. Mas essa hesitação foi mais uma reflexão tardia do que uma reação instantânea."

Às vezes, você só se conscientiza de um tom de sentimento por causa dos efeitos que vêm a seguir. Você abre a geladeira ou o armário procurando um docinho e só depois percebe que experimentou vários tons de sentimento "neutros". Na verdade, você não estava em busca de um docinho, mas de algo para se distrair do tédio e da inquietação. Às vezes, como observou o professor de meditação John Peacock, só percebemos o tom de sentimento por seus efeitos sobre o nosso comportamento – "pegadas na areia". Quando isso acontece, você não precisa se autocriticar. Pode muito bem se parabenizar por ter percebido algo tão importante. É normal notar o tom de sentimento mais à frente, não na hora em que ele acontece. Muitas vezes, é dessa forma que reconhecemos os tons de sentimento.

Se você estiver tendo as mesmas dificuldades de Alex, persevere da melhor forma possível. Veja se consegue notar a tonalidade do primeiro contato – aquele momento em que você percebe pela primeira vez um som, um pensamento ou uma divagação. Tente lembrar que é normal não conseguir reconhecer esse primeiro momento. Você não precisa procurá-lo; em vez disso, note o "último contato" – ou seja, o som, o pensamento, a parte do plano ou a divagação que você teve antes de registrar o tom de sentimento.

Algumas pessoas acham interessante explorar *em que região do corpo* se localiza um tom de sentimento. Como você notou nos exemplos do quadro na página 98, costuma ser difícil dizer *como* sabemos se algo é agradável ou desagradável. Apenas é. O sorriso de um bebê pode ser agradável sem nenhuma mudança detectável no corpo. Se existir algum tipo de sensação de tom de sentimento no corpo, deve ser muito sutil, como a sensação de "abertura", quando as experiências são agradáveis, ou de "fechamento" quando desagradáveis. Essas sensações podem ser percebidas em qualquer parte do corpo, mas o estômago, o peito, os ombros ou a garganta são as mais comuns. Se você acha isso difícil na prática formal de meditação, procure tons de sentimento agradáveis e desagradáveis no cotidiano. Você pode encontrá-los pela manhã na primeira xícara de chá ou café, no caminho para o trabalho, na casa de um amigo, ou talvez no som daquele caminhão pesado descendo a rua. Quando aparecerem, pare de maneira gentil e observe: "Ah, esse é agradável" ou "Ah, esse é desagradável". Não faça mais nada. Aos poucos, você vai descobrir que o corpo e a mente entram em sintonia naturalmente com essa dimensão da experiência.

TENDÊNCIA A NOTAR O DESAGRADÁVEL

Para Kurt, os tons de sentimento surgem mais fortes quando as coisas eram desagradáveis. "Na meditação de 20 minutos, comecei a observar para onde minha mente estava indo e percebia o tom de sentimento – e costumava não ser bom. Minha mente sempre ia na direção do que era desagradável – planos e coisas que eu tinha que fazer, mas não estava muito motivado a isso. Logo nos primeiros dias da Semana 3, me fixei na ideia de que poderia perder o emprego. Meus pensamentos estavam indo para um lugar bastante sombrio. Repetidas vezes. Para o mesmo lugar! Conseguia sentir aquilo no corpo. Especialmente no estômago. Algo muito agoniante e desagradável. Então reconheci o que estava acontecendo. E pensei comigo mesmo: qual a necessidade de pensar sobre isso? Achei difícil acolher as distrações; apenas queria que fossem embora e me deixassem relaxar."

Às vezes pode parecer que a mente está obcecada pela negatividade. Quando está agitada, leva você quase sempre para as histórias que cria. É possível parar para refletir e ver o que está acontecendo, mas em outras ocasiões as histórias são convincentes demais. Pode parecer que você não está conseguindo se familiarizar com a prática. Mas esse não é um sinal de fracasso, e sim uma oportunidade de se aprofundar nela. Nesses momentos, veja se é possível observar a oscilação da mente, para que o "obstáculo" se torne a prática de atenção plena. Você pode dizer para si mesmo: "Ah, aqui é um pensamento", "aqui é uma divagação", "um plano", "uma distração", ou o que achar mais cabível. Outra abordagem é dizer gentilmente a si mesmo: "Assim é a sensação de um pensamento" ou talvez "Assim é a sensação de uma divagação", ou o que for mais apropriado. Essas abordagens abrem um espaço onde você aprende a acolher as distrações e registrar cada uma como agradável, desagradável ou neutra. Então, quando perceber que está distraído por coisas desagradáveis ou perdido em pensamentos, pode aprender a perceber os efeitos disso no corpo, nos sentimentos ou impulsos e suas tonalidades, e depois continuar com o que estiver fazendo.

Nomeie o tom de sentimento

Existe algo poderoso em achar as palavras para descrever a sensação das coisas. Ao dar um nome a um tom de sentimento, ele se torna mais presente na consciência, permitindo que o reconheçamos e diminuindo a tendência da mente de se apegar a velhos hábitos e modelos.

O psicólogo Matthew Lieberman mostrou que nomear uma emoção na presença de imagens negativas ("assustado", por exemplo) reduz a atividade da amígdala, considerada um dos mais importantes centros de reatividade emocional no cérebro.[3] A psicóloga Michelle Craske e seus colegas[4] descobriram que, em pessoas com fobia de aranha, associar palavras às suas experiências reduzia a reatividade fisiológica às aranhas, permitindo que se aproximassem desses animais. O psicólogo David Creswell e outros pesquisadores constataram que rotular estímulos emocionais (como associar palavras a fotos de rostos) envolve mais atividade intencional "do topo para a base" no córtex pré-frontal, dissolvendo reações emocionais automáticas, reduzindo a intensidade e a duração delas. Praticantes da atenção plena mostram esse padrão mais vivamente, ou seja, mais ativação neural do topo para a base na parte frontal do cérebro e redução da reatividade da amígdala. Esse padrão revela que a atenção plena está associada a uma reação neural mais eficaz às experiências.[5]

No conjunto, essas pesquisas mostram que nomear o desagradável ajuda a reduzir seu impacto, com a atenção plena realçando o efeito e trazendo paz e estabilidade.

Às vezes, os pensamentos são tão barulhentos e insistentes que é difícil perceber qualquer outra coisa. Foi o que Leila observou logo no início, embora mais tarde notasse que os pensamentos, aos poucos, foram se tornando mais silenciosos e menos intrusivos, porque as sensações, os impulsos e até os sons ficaram mais definidos. Depois de alguns dias, ela se viu "indo contra a corrente" para captar a tonalidade de sons, pensamentos e sensações. Os tons de sentimento lhe deram algo para explorar e, em vez de apenas se concentrar em pensamentos e sentimentos, ela pôde se aprofundar um tanto mais. E isso era muito importante pelas manhãs. Ela achou interessante entrar em sintonia com o tom de sentimento – perceber os agradáveis e os desagradáveis – durante as primeiras horas da manhã. "Pude tomar consciência de como abordava o dia, e foi uma nova dica para mim", disse.

Às vezes, os pensamentos de Leila a levavam a devaneios e planos, mas, ao notar isso, ela descobriu que poderia perceber o tom de sentimento de todo o fluxo de pensamento. Apenas nomeá-lo como agradável, desagradável ou neutro ajudou a se manter afastada dele, em vez de se deixar levar ou ficar se autojulgando.

Às vezes, esta é a sensação. Você pode reconhecer um tom de sentimento "geral", que tanto pode ser uma média de todos os tons específicos quanto uma porta sensorial dominando a experiência. Se você achar que este é o caso – ou que os pensamentos de certa forma angustiantes se descontrolaram –, talvez ajude perguntar a si mesmo "O que mais está aqui e agora?" e, após observar o resultado, seguir em frente e perguntar quais aspectos do corpo e da mente são relativamente neutros.

Toby disse que essa abordagem sutil o fez pensar em um apanhador de sonhos. Sentir a tonalidade quando surge algo ligeiramente agradável ou desagradável é como notar o balançar do apanhador de sonhos quando a brisa passa por ele. Toby, então, se deu conta de que o tom de sentimento atual não combinava com suas expectativas. Quando ele percebia uma dor no corpo, presumia que aquele tom de sentimento sempre seria desagradável, mas às vezes era mais neutro do que esperava. Esse tipo de experiência teve um efeito generalizado sobre ele.

"Isso mudou por completo a minha percepção", afirmou. "Eu costumava detestar reuniões. Recentemente, percebi que, quando está chegando a hora de participar de uma delas, o tom de sentimento é mais agradável do que eu esperava." Toby descobriu que essa mudança de atitude teve efeitos indiretos significativos em seu cotidiano: "As reuniões não eram tão ruins assim e isso influenciou o humor que eu levava para elas, o que foi ótimo para mim e para os outros também."

Uma experiência similar aconteceu com Frankie. Ela contou que sua casa é muito silenciosa, "ideal para meditação", e bem agradável. Mas que qualquer barulho pode causar distração. Durante a prática matinal, uma moto passou, mudando sua atitude de agradável para desagradável. No fundo, ela sentiu: "É uma moto, e motos fazem barulhos desagradáveis." Curiosamente, ela percebeu que a sensação "dos barulhos desagradáveis da moto" era parte de sua *ideia geral* sobre motos, e não sobre a experiência real. A ideia geral é que era desagradável, a previsão na verdade. A perturbação inicial, a previsão e a reação ocorreram em momentos sucessivos, cada uma com seu tom de sentimento, à semelhança dos momentos da corrida de cavalos na fotografia pioneira de Muybridge (ver página 35).

À medida que progride nesta semana, você pode perceber que está desenvolvendo uma percepção mais afiada, uma compreensão de que um momento não tem que ser agradável ou desagradável. Ele pode ser neutro, o que lhe permite seguir em frente.

Kurt contou: "Agora consigo captar melhor meus humores, percebendo o momento exato em que uma emoção surge, e posso escolher como reagir. Um dia desses, meu parceiro me chamou para jantar e, apesar de estar no meio de um trabalho, eu fui. Assim que entrei na cozinha, notei meus pensamentos e meu humor ainda um pouco desagradáveis. Era o tipo de situação em que normalmente discutiríamos. Ao perceber isso, tive outro vislumbre de um tom de sentimento desagradável, mas em vez de aumentá-lo e ficar na defensiva, eu o reconheci. Na verdade, me ouvi dizendo internamente: 'Vou espalhar esse sentimento ou vou deixá-lo comigo?' Essa pergunta simples me levou a uma pausa que me permitiu aceitar que, embora fosse um momento desagradável, não precisava ser transformado em uma discussão. Então, curtimos uma boa refeição. Um passo tão pequeno, mas que fez uma diferença enorme. As coisas melhoraram muito entre nós."

Drew passou por uma experiência similar. Uma noite, ele chegou mais cedo em casa e se ofereceu para ler uma história de ninar ao filho de 7 anos: "Ele já tem idade para ler sozinho, mas pensei que gostaria que eu lesse para ele como costumava fazer quando era menor."

Mas a criança, que já tinha idade suficiente para o sarcasmo e estava desenvolvendo seu próprio senso de humor, respondeu: "Pai, você está velho demais para histórias. E já deveria saber disso."

"No passado, mesmo que meu filho estivesse com um sorriso travesso no rosto, eu nem teria notado; ficaria apenas aborrecido e diria para ler a história sozinho. E me sentiria culpado por ter brigado com ele. Mas, dessa vez, pude notar a sensação desagradável do meu humor. Um tipo de contração física, em nenhuma parte específica, mas um tom de sentimento desagradável muito óbvio. Quando senti isso, percebi que poderia acalmar a irritação e me dar um momento para notar a sensação agradável do sorriso travesso do meu filho e tomar uma decisão melhor. O que aconteceu em seguida é que ganhei um jeito mais hábil de lidar com a situação. Em vez de focar em mim mesmo e na minha irritação, e acabar brigando com ele, fiquei sinceramente interessado e perguntei qual livro estava lento. E logo seu humor também mudou, tivemos uma boa conversa sobre seus livros preferidos, e acabamos lendo Roald Dahl."

Essas transições de tons de sentimento, dos não reconhecidos para a consciência plena, trazem um gosto de liberdade. Nomear os tons de sentimento, assim como as emoções, é extraordinariamente poderoso. Tons de sentimento *não reconhecidos* desencadeiam uma sucessão de reatividade real e imaginária. Já os tons de sentimento *reconhecidos* são diferentes. O reconhecimento oferece uma pequena lacuna, um momento que pode transformar a inevitável sucessão de emoções em uma série de escolhas.

Aqui reside a sabedoria

Quando estamos angustiados, as lembranças do passado são matizadas pelo estado mental atual. Se nos sentimos tristes, sem esperança ou ansiosos, as lembranças que surgem podem adquirir camadas extras da emoção atual. As emoções não são fixas como fotografias ou vídeos – a lembrança do passado é maleável. Desse modo, infelicidade leva a mais infelicidade; estresse, a mais estresse; e essa ansiedade, a mais ansiedade, e as lembranças são recriadas para acentuar essa negatividade.

Funciona assim: sempre que acessamos um item da memória, ele é recodificado, ou seja, afetado pelo contexto atual, bem como pelos elementos que já estavam na memória. Mas essa recodificação faz com que devolvamos à memória algo diferente do que retiramos. Pode ser melhor ou pior – mas nem sempre é igual. Pesquisas sobre declarações de testemunhas oculares ilustram bem esse fato.[6] Participantes assistiram a um vídeo de um pequeno acidente de trânsito. Para alguns foi perguntado: "Qual era a velocidade aproximada dos carros quando bateram?" Para outros se perguntou: "Qual era a velocidade aproximada dos carros quando se chocaram?" E a outros: "... quando trombaram?"

As palavras usadas para descrever o incidente fizeram uma grande diferença, embora todos tivessem visto o mesmo vídeo. As testemunhas que ouviram a palavra "trombaram" lembravam dos carros indo mais rápido do que aquelas que ouviram palavras mais brandas. Uma semana depois, os participantes tendiam a ver mais estilhaços de vidro em sua imaginação quando a palavra "trombaram" era usada, apesar de não haver nenhum estilhaço no vídeo. Ou seja, a linguagem no momento da lembrança afetou a memória.

Quando estamos testemunhando a nossa própria vida, rememorando eventos e pensando sobre eles, a mesma coisa pode acontecer. Se você está zangado ou triste e depois recorda ou pensa sobre algo difícil, esses sentimentos do momento presente podem "aderir" à lembrança e se integrar a ela. E essas lembranças alteradas se integram aos modelos mentais usados para construir sua simulação do mundo.

O que traz à tona a pergunta: por que a memória é tão suscetível a tais influências e torna-se menos exata na nova lembrança? É porque essa mesma característica tem benefícios importantes. Permite integrar a um contexto maior o que já se aprendeu, além de associar informações e eventos diferentes a fim de realçar sua compreensão. A própria maleabilidade da memória realça a compreensão.

Imagine que você é um professor ajudando os alunos a se preparar para uma prova. Você quer que recordem o que aprenderam naquele ano e os submete a avaliações e exercícios periódicos. Além de dar uma chance de ensaiar o que sabem, isso ajuda a contextualizar melhor o material mais antigo. Pense numa época em que você revelou a um amigo uma dificuldade e ele reagiu ouvindo com atenção, sem julgar. Você deve ter notado que o ambiente amigável alterou a lembrança de forma positiva, dando-lhe um contexto novo e permitindo vê-la sob novas perspectivas.

Esta é uma das razões por que entrar em sintonia com os tons de sentimento pode ser tão terapêutico. Observar seu surgimento e desaparecimento sem julgar torna-os menos aguçados e evita as reações naturais a eles. É um ato de bondade com você mesmo que permite o surgimento de pensamentos, sentimentos, emoções, sensações e lembranças em um espaço mais amplo e gentil, o que, por sua vez, realça a perspectiva e aos poucos dilui os estados mentais mais perturbadores.

Aqui reside a sabedoria.

CAPÍTULO 8

Semana 4: Restaure o equilíbrio

Não crie tantas expectativas, disse a voz na mente de Renata. Algo que já estava se tornando um hábito. Sempre que seu astral se elevava, *aquela* voz vinda da infância surgia na mente e boicotava suas esperanças de um futuro melhor. Paradoxalmente, ela só percebeu a voz depois de iniciar a prática do tom de sentimento. Antes, essa voz era apenas parte do ruído de fundo um pouco depressivo de sua mente. Embora ela não notasse, o programa estava sendo eficaz ao desemaranhar seus problemas, trazendo-os à luz para que pudesse começar a se curar e ter uma vida muito mais satisfatória.

Ainda que clinicamente Renata nunca tivesse sofrido de depressão, grande parte de sua vida adulta foi afetada por longos períodos de estresse generalizado, angústia e infelicidade. Ela mal lembrava de quando tinha sido feliz de verdade, cheia de energia e entusiasmada com a vida. Sempre achou sua incapacidade de apreciar as coisas algo inesperado. Afinal de contas, ela tinha uma vida razoavelmente boa, sem nenhum dos fatores de risco associados à depressão (tais como um grande trauma ou uma criação disfuncional). Renata teve o que ela descreve como uma vida comum com uma criação mediana – uma família mediana em uma cidade mediana – e nunca havia sofrido uma grande tragédia. Sua trajetória de vida e carreira também foram muito boas. Ela saiu de casa para ir à faculdade aos 18 anos, se formou em administração, voltou para casa por um tempo, e depois conseguiu um trabalho em marketing numa empresa pequena a poucas horas de carro de onde cresceu. Ela gostava do que fazia, e sua carreira estava indo muito bem.

"Então o que há de errado?", ela costumava se perguntar.

Em retrospecto, Renata nem percebeu quando começou a cair em uma leve depressão. Tudo começou no ano anterior, após um período intenso de excesso de trabalho. Ela sempre estava tão cansada que tinha perdido o entusiasmo pela vida, rejeitava cada vez mais os convites para sair com os amigos e preferia ficar em casa assistindo à televisão. Depois foi a vez de a academia ser deixada de lado, e ela parou de cozinhar os alimentos saudáveis que tanto adorava. Embora não houvesse nada de obviamente errado, os amigos de Renata perceberam seu longo e lento mergulho na infelicidade e tentaram ajudar. Um deles recomendou a atenção plena, então ela comprou um livro e participou de algumas sessões em um centro de yoga. O que foi muito útil, e depois ela decidiu se aprofundar e fazer este curso de tom de sentimento. À primeira vista, o achou bem objetivo e sentiu que estava de fato entendendo as práticas e ideias por trás delas. Escolher uma âncora na Semana 1 foi particularmente interessante, já que a asma poderia deixar sua respiração um pouco instável. A ideia de "fazer uma pausa" na Semana 2 a lembrava de que podia escolher aonde a mente iria, e o convite para ter alguma gratidão ou até mesmo admiração por sua mente era algo bastante novo para ela. Tudo isso trouxe uma nova perspectiva, explicando por que sua mente estava sempre tão frenética e ocupada, e mostrou um novo caminho para lidar com aquilo.

Na Semana 3, Renata atingiu seus limites. Primeiro, achou muito difícil perceber a diferença entre tons de sentimento agradáveis e desagradáveis. Quando conseguia notar, sempre começava a analisá-los para entender por que gostava ou não deles, e acabava se perdendo em pensamentos. Ela foi ficando cada vez mais frustrada com as meditações e consigo mesma por não conseguir praticá-las. Mesmo assim, persistiu e começou a entender a proposta de ver as "distrações" como equipamentos de ginástica para o treino da mente. Dessa forma, as distrações ajudaram a ter uma ideia do que a estava incomodando. Aos poucos, ela observou um detalhe que não havia notado antes – uma atitude meio escondida que afetava tudo. Sempre que percebia algo de que gostava ou não gostava, ela se ouvia sussurrando: "Você deveria gostar disso" ou "Você não deveria gostar disso". À medida que as camadas de sua mente se revelavam, ela notou que, sempre que sentia algo agradável, os sussurros ficavam mais poderosos. E se pegava dizendo: "Isso não vai durar muito; não crie expectativas." Depois de um tempo, percebeu a origem da voz. Era de seu passado, e vinha atacando por décadas sem que ela percebesse.

Tudo começou quando Renata tinha 12 anos. Houve um desafio de matemática na escola e toda a classe se inscreveu. Ela estava bastante empolgada porque era boa na matéria e queria provar para os meninos da classe que era mais inteligente do que eles.

Quando sua mãe viu a empolgação, comentou: "Não crie tantas expectativas. Tudo bem se você não for tão boa quanto deseja. Seu pai e eu não nos importamos com isso."

À medida que as lembranças tomavam forma, Renata compreendeu que sua mãe apenas tentava protegê-la da decepção, caso as coisas não dessem certo. Mas aquilo a deixava se sentindo culpada por se animar demais e corroía o entusiasmo com seu sucesso subsequente. Este era um padrão da família. Quando criança, se ficasse empolgada durante um jogo, seus pais logo diziam: "Cuidado com tanta alegria." E quando ela cresceu, o mantra passou a ser: "Não crie tantas expectativas." Essas frases eram sempre ditas quando algo significativo ia acontecer, como o baile de formatura, e quando ela estava se preparando para algo desafiador, como uma prova importante, uma apresentação na escola ou seu primeiro encontro. Quando se candidatou à faculdade – uma que realmente queria –, sua mãe a alertou: "É bom se inscrever, mas não crie expectativas, você sabe que tem outras opções."

Apesar da descoberta da origem dos problemas, Renata continuou gostando da mãe. Percebeu que ela aprendeu a desconfiar da felicidade porque tinha passado por muitos problemas e estava tentando proteger a filha do que via como decepções inevitáveis. E Renata entendeu que tinha desenvolvido o mesmo hábito. Em vez de desfrutar dos momentos de antecipação e felicidade quando surgiam, tinha aprendido inconscientemente a abafá-los, antes de criar expectativas. Então, sempre que a felicidade acenava, logo vinham à mente pensamentos como: *Nem adianta eu me animar, isso não vai durar mesmo, O orgulho vem antes da queda* e, em especial, *Todas as coisas boas acabam*. Ela se lembrou do conto de fadas no qual uma princesa transformava palha em ouro. Tomou um susto quando percebeu que fazia o contrário: transformava ouro em palha.

Como Renata, todos nós diminuímos os pontos altos da vida. A menos que estejamos de fato com atenção plena, podemos derrubar os picos emocionais e preencher seus vales com escombros, reduzindo toda a paisagem a tons acinzentados. Não os tons acinzentados amados pelos grandes fotógrafos – em que as nuances destacam a beleza –, mas o vazio penetrante que priva a vida de todo o seu propósito e sentido. Então, ao reduzir seus sonhos e suas esperanças, você não está se protegendo contra o fracasso, mas se preparando para uma vida inteira de angústia, incerteza e perda.[1]

Existe uma alternativa, porém. É possível, *sim*, permitir que os prazeres da vida nutram o espírito para começarmos a aproveitá-la de novo. Você pode fazer isso de uma forma conhecida em muitas tradições antigas, mas esquecida na cultura ocidental, prestando atenção nos tons de sentimento que surgem e desaparecem. Primeiro dê a si mesmo permissão – de forma bem especial – para aproveitar os prazeres da vida. Mas isso não basta. Para restaurar o equilíbrio, precisa se permitir não gostar dos momentos desagradáveis sem instintivamente afastá-los. A menos que aprenda a permitir que o *vedanā* desagradável chegue e permaneça por um tempo – para senti-lo de verdade –, não perceberá momentos agradáveis em seu cotidiano. A moeda tem dois lados. Evite um, e evitará o outro. Ao entrar em sintonia com os tons de sentimento, você pode aprender a aceitar ambos os lados, como fez na semana passada, e depois se voltar para eles, permitindo que permaneçam e desapareçam sozinhos. Ao fazer isso, você descobre que o dia a dia começa a se reequilibrar por conta própria.

Tal aceitação radical é sem dúvida complicada, mas você pode praticá-la dizendo silenciosamente a si mesmo uma pequena frase que ajude a *permitir* que o tom de sentimento seja o que é, sem tentar mudá-lo. Esta é a prática fundamental desta semana.

Você começará a prática reconhecendo a presença dos tons de sentimentos enquanto medita e depois, aos poucos, fará o mesmo em sua vida. Toda vez que um momento agradável surgir, permita que permaneça – e comece a senti-lo de verdade – dizendo gentilmente para si mesmo: "Tudo bem gostar disso." E quando um momento desagradável surgir, diga: "Tudo bem não gostar disso."

Antes, um alerta. Quando você diz "Tudo bem...", não quer dizer que a *situação* que criou o sentimento é normal. Em vez disso, está dizendo que o tom de sentimento ligado à situação é normal e natural. Se você sente dor nas costas, e dói muito, não está dizendo que tudo bem sentir dor. Está dizendo que "tudo bem *não gostar* da dor". Quando uma lembrança ou dificuldade do passado surge, você não está dizendo "tudo bem esse trauma ter acontecido"; em vez disso, está dizendo que tudo bem achar desagradável e não gostar dessa lembrança.

Como uma abordagem tão simples pode funcionar? Ela é baseada e atestada por quase 2.500 anos de sabedoria – o tipo de sabedoria que está presente em todas as culturas e tradições, mas que foi relegada pela cultura ocidental e mal compreendida por muitas pessoas. Mesmo que seu funcionamento exato ainda não tenha sido identificado, a psicologia e a neurociência estão começando a entender as razões subjacentes – é isso que iremos explorar. Porém, antes de tudo, é preciso aprender como aceitar o surgimento e o desaparecimento dos tons de sentimento, por meio da conexão e dos sentidos. Para então começar a viver de novo.

Exercícios físicos são uma boa maneira de explorar os tons de sentimento, porque o "sinal" costuma ser mais forte e perceptível do que durante a meditação. É por isso que, nesta semana, você vai explorar os tons de sentimento por meio de movimentos (caminhada alternando com alongamento) com atenção plena. Caminhar é uma maneira eficaz de praticar a atenção plena – a mente está sempre divagando enquanto andamos, e há muitos modos de trazê-la de volta ao momento presente e ao corpo e observar o tom de sentimento. Uma situação similar acontece com o alongamento, porque, quando tentamos alcançar algo, notamos que estamos indo mais rápido que o necessário ou sobrecarregando o corpo, de modo que isso pode ser um valioso "equipamento de ginástica" para a prática diária.

Práticas para a Semana 4

- **Caminhada com atenção plena** – 20 minutos uma vez ao dia (meditação 4.2) ou 10 minutos duas vezes ao dia (meditação 4.1). Alterne com a prática de alongamento com atenção plena (próximo item), de modo que você pratique três dias de cada. Anote no diário o andamento das coisas: dificuldades, alegrias e descobertas. Uma vez familiarizado com as instruções, sinta-se livre para usar a versão com instruções mínimas (4.4) ou use o som do sininho como um cronômetro. Ao menos um dia nesta semana caminhe por 30 minutos, usando a versão específica (meditação 4.3) ou qualquer das versões já mencionadas.
- **Alongamento com atenção plena** – em dias alternados. Use a meditação (4.5) de 20 minutos como orientação até você se familiarizar com a sequência. Depois disso, sinta-se livre para dispensar a orientação.
- **Exercício de gratidão dos dez dedos** – uma vez por dia (meditação 4.6). Após alguns dias, mude para a versão com instruções mínimas (4.7) ou dispense as instruções.
- **Prática Diária da Atenção Plena: apreciação** – a cada dia, procure pequenos momentos em que exista algo *agradável*. Você pode seguir a orientação em áudio (4.8) nos primeiros dias para se familiarizar com a prática.

Incluímos uma meditação bônus esta semana para aqueles que sentem dificuldade em dormir (meditação 4.9).

Todas as meditações desta semana podem ser encontradas em www.sextante.com.br/atencaoplenaprofunda.

As meditações também podem ser encontradas no site do autor em franticworld.com/deeper-mindfulness (em inglês).

As práticas essenciais desta semana consistem em trabalhar a reação aos tons de sentimento ao realizar os exercícios. Durante os movimentos com atenção plena, seja a caminhada ou o alongamento, se você perceber um tom de sentimento *agradável*, diga silenciosamente para si mesmo: "Tudo bem gostar/não gostar disso." A intenção é ajudar na apreciação do momento *como ele é*, sem abafá-lo, aprofundá-lo ou prolongá-lo. Caso note um tom de sentimento *desagradável*, diga para si mesmo: "Tudo bem não gostar disso", e tente manter por um momento a sensação de desagradável em uma consciência mais ampla.

Algumas pessoas têm fortes reações ao movimento com atenção plena, umas gostam, outras não, e há quem ache chato. Você deve tentar se aproximar dessas reações e prestar atenção em quaisquer pensamentos, sentimentos e impulsos momentâneos e no que acontece depois. Entre em sintonia com o exato momento em que percebe se uma reação é agradável ou desagradável e veja se consegue acompanhá-la, permitindo que seja como é, ao dizer de maneira gentil para si mesmo: "Tudo bem gostar disso" ou "Tudo bem não gostar disso."

Caminhada com atenção plena

Caminhar – uma atividade bem comum – ajuda a treinar a mente e o corpo para focar na atenção em face das pequenas distrações que costumam ocorrer quando andamos. O intuito é aprender a entrar em sintonia com o tom de sentimento quando ele ocorre e cultivar a sensação de deixá-lo ser como é.

Preparação

1. Comece procurando um lugar onde possa dar alguns passos de um lado ao outro, dentro de casa ou ao ar livre – um lugar onde você não seja perturbado ou observado. A extensão de seu caminho não importa – pode ser curtinho como um tapete de yoga, ou ter dez passos.
2. Comece em pé, com os pés paralelos e alinhados ao quadril. Se a superfície ou o chão for adequado, você pode tirar os sapatos e as

meias para senti-lo melhor sob os pés. Permita que os braços estejam relaxados na lateral ou junte as mãos diante ou atrás do corpo, olhando ligeiramente para baixo ou em frente.

Caminhada

3. Leve o foco de sua atenção à sola dos pés, notando as sensações físicas do contato deles com a superfície ou o chão.
4. Comece dando pequenos passos e observando o contato dos pés com a superfície, sentindo o peso do corpo mudando conforme cada pé se descola da superfície, se eleva e depois avança.
5. Continue andando com atenção plena de uma ponta à outra do seu percurso.
6. Dê meia-volta devagar ao chegar ao final do percurso, apreciando o movimento de mudar de direção, e então, de frente para o percurso, pause por um momento. Quando estiver pronto, caminhe de volta.

Registre o tom de sentimento...

7. Faça uma pausa se você perceber que a mente se distanciou das sensações nos pés. Reconheça para onde ela foi e registre o tom de sentimento – agradável, desagradável ou neutro.

... e permita que ele seja como é

8. Diga silenciosamente para si mesmo: "Tudo bem gostar disso", se sentir que a experiência é agradável.

    Reconheça se for desagradável, dizendo para si mesmo: "Tudo bem não gostar disso."

    Conduza, então, o foco da atenção de volta aos pés. Lembre-se de não forçar demais. Caso seja difícil perceber imediatamente o tom de sentimento, deixe para lá e aguarde que algo diferente surja.
9. Pause por um momento no meio do percurso e fique parado se a mente estiver muito inquieta. Deixe os pés alinhados com o quadril e observe o padrão mental e o tom de sentimento, que pode ser

agradável, desagradável ou neutro. Se quiser, você pode registrar o tom de sentimento no corpo e na mente sempre que pausar ao final do percurso.

10. Escolha a velocidade que preferir durante a caminhada com atenção plena: às vezes devagar, outras vezes num ritmo mais habitual. Se quiser, durante a prática você pode expandir a atenção do foco limitado aos pés para as pernas e os quadris e depois, no momento apropriado, para o corpo inteiro e o que estiver à sua volta durante a caminhada.

Fim

11. Continue a prática em silêncio e sozinho, até o sininho indicar que está na hora de parar. E, ao concluir a prática, tenha a intenção de levar para as caminhadas diárias a mesma qualidade de consciência que vem cultivando nesta meditação. Não precisa andar devagar demais durante a caminhada. Reduzir só um pouco a velocidade de um movimento para outro permite que você caminhe com boa postura, sem se inclinar para o próximo momento, o que pode mudar todo o seu dia.

Alongamento com atenção plena

A intenção desta meditação é cultivar a consciência do corpo em movimento, entrar em sintonia com o tom de sentimento (agradável ou desagradável) e aprender a deixá-lo ser como ele é.

Lembre-se de que é importante ser gentil consigo mesmo ao praticar esses alongamentos. Cuide de si durante o movimento e deixe a sabedoria do corpo decidir o que é melhor para você: até onde se alongar e por quanto tempo manter o alongamento. Se está sofrendo com algum problema físico, consulte um médico ou um fisioterapeuta antes de iniciar até os alongamentos mais simples. Se não tem certeza de que consegue fazer um alongamento, fique parado, cultivando a consciência do corpo como está, seja em repouso ou em movimento.

Se qualquer movimento parecer intenso, há sempre a opção de apenas imaginar que está se alongando, alongar-se só de leve ou sair da postura e voltar atrás, não importa qual seja a orientação na faixa. Também é possível praticar sentado. Porque não é o movimento em si o mais importante, e sim a consciência trazida para ele.

Pause entre cada postura para entrar em sintonia com os efeitos posteriores do alongamento – as sensações e o tom de sentimento delas –, respirando de maneira natural, como seu corpo preferir, ao se alongar e entre os alongamentos.

Permissão

A cada ponto da prática, ao perceber sensações desagradáveis ou desconfortos, reconheça e admita, dizendo no íntimo: "Tudo bem não gostar disto." E, ao perceber qualquer sensação agradável, tome a mesma atitude: "Tudo bem gostar disto."

Eis a sequência sugerida:

- Comece escolhendo se vai ficar em pé ou sentado.
- Eleve as mãos sobre a cabeça, com as palmas uma diante da outra.
- Alongue primeiro uma das mãos e depois a outra, como se estivesse colhendo uma fruta.
- Mantenha os pés um pouco mais separados, com as mãos apoiadas no quadril, e incline o corpo para o lado esquerdo, depois para o direito.

Neste ponto, se está em pé, você pode se sentar numa cadeira, banco ou almofada para o restante da prática de alongamento.

- Mova os ombros para cima, para trás, para baixo e para a frente, permanecendo em cada posição o suficiente para registrar as sensações e o tom de sentimento. Depois role os ombros bem devagar, primeiro numa direção e depois na outra, observando a mudança das sensações e os tons de sentimento que elas criam, permitindo que sejam como são.

Fim
Observe a tonalidade da atenção plena nos últimos momentos da prática. Lembre-se de que a consciência do corpo está disponível em qualquer instante do dia, permitindo que se sinta ancorado e equilibrado e cultivando a sensação de se aceitar como você é.

NÃO GOSTAR É *REALMENTE* NORMAL?

Jonathan teve certas dificuldades na Semana 4. Ele sentiu que dizer "Tudo bem não gostar disso" era um sinal de ingratidão que, como o de Renata (do capítulo anterior), surgira na infância.

Os pais de Jonathan eram extremamente religiosos e acreditavam que expressar insatisfação era rejeitar a providência divina. Achavam que sempre devemos ser gratos – mesmo no sofrimento. "Meus pais eram pessoas de fé, mas tinham essa ideia sobre providência divina e pecado", disse Jonathan. "Não gostar de algo – qualquer coisa – significava não ter fé suficiente e, como consequência, ser uma pessoa ruim. Deus traçou um caminho para todos nós. Tempos de sofrimento são testes de fé, lições que devemos aprender e que nos mantêm no caminho certo. Qualquer reclamação ou sinal que insinuasse ingratidão era um pecado. Apesar de não compartilhar da fé deles, absorvi essas atitudes sem nem mesmo perceber."

Ele se sentia ingrato até por não gostar de coisas triviais, como um dia úmido de inverno, o que desencadeava padrões de pensamentos negativos e repetitivos, deixando-o ansioso e com muito medo. As práticas na Semana 4 aumentaram esse problema, porque dizer para si mesmo "tudo bem não gostar disso" ia contra décadas de condicionamento. Mas os problemas dele eram mais profundos. Jonathan foi ensinado a não *expressar* insatisfação e a não *senti-la*. Ou seja, a atitude de "não reclamar" limitou de forma cruel sua capacidade de sentir – e saber – o que é verdade. Aqueles que se sentiram cronicamente vulneráveis no passado ou foram atacados, abusados ou traumatizados por sua história de vida podem se identificar com isso.

Durante muitos anos, Renata e Jonathan tiveram que aprender a sufocar seus sentimentos mais básicos. Caso tivessem sentimentos desagradáveis, insatisfação, frustração ou raiva, eles os sufocavam. E faziam o mesmo com os sentimentos agradáveis de felicidade que surgiam. Ambos acabaram se sentindo cada vez pior: envergonhados quando se sentiam bem com alguma coisa; ingratos se não gostassem de outras; incomodados quando se sentiam sufocados; culpados se sentissem raiva.[2] Por esses e outros motivos, é tão importante frisar, mais uma vez, que quando você diz "Tudo bem...", não está se referindo às situações agradáveis ou tóxicas, mas aos sentimentos naturais de gostar ou não delas. Aceitar os tons de sentimento é fundamental aqui: agradáveis, desagradáveis ou neutros. Os tons de sentimento devem ser sentidos, e quando são, entregarão com sucesso suas mensagens, então o mais provável é que partam em silêncio, deixando você mais tranquilo e satisfeito com os momentos seguintes.

Pawla teve dificuldades nas primeiras três semanas do curso, que foram desaparecendo durante a Semana 4. "Foi bastante difícil. Sou uma pessoa muito racional. Gosto que as coisas sejam fundamentadas e concretas. Odeio esse lance etéreo; a mente criando simulações do mundo, em vez de senti-lo diretamente. É como se dissessem que o mundo não é real, como se fosse um sonho ou uma alucinação. Claro que é real – embora eu esteja aberta à ideia de que pode não ser da maneira que pensamos."

Apesar das objeções iniciais sobre como a mente constrói uma imagem do mundo, Pawla persistiu no curso por uma simples razão: via com os próprios olhos como os colegas estavam se beneficiando. E lembrou das palavras da professora de que não precisava "acreditar" na atenção plena ou nos tons de sentimento. As meditações não são como encantamentos ou preces. E não são mágicas. São práticas que começam a promover mudanças à medida que você persiste e se esforça. Por isso são chamadas de "práticas".

Como disse a professora de meditação: "Você não precisa saber de onde vêm os tons de sentimento. Não precisa mudá-los ou mandá-los embora. Só precisa 'acender a luz' para vê-los mais claramente e ser mais gentil com eles, e consigo mesmo, quando surgirem. E então verá o que acontece; talvez eles desapareçam sozinhos – mesmo os mais poderosos e negativos."

Durante uma de suas práticas de alongamento com atenção plena, Pawla finalmente "entendeu": "No início do dia estava com um pouco de dor de cabeça e me sentia cansada. Depois de me alongar por alguns minutos, percebi que o tom de sentimento de todo o meu corpo era desagradável. Senti que ainda estava com dor de cabeça, a fonte da sensação desagradável. Mas, em vez de ficar aguentando, pensei: *Essa sensação é desagradável*. E depois: *Tudo bem não gostar dela*. O que aconteceu a seguir foi impressionante. A dor de cabeça desapareceu. Simplesmente sumiu. Algum tempo depois, percebi outra dor de cabeça, e a reconheci de novo: *Tudo bem não gostar desta sensação*. E mais uma vez, ela desapareceu e foi substituída por uma leve sensação de dor e formigamento. O que não foi tão desagradável."

As experiências de Pawla são uma ilustração refinada de como o cache da mente funciona na prática, e como apenas reconhecer a presença de um tom de sentimento apaga a informação antiga e negativa e a atualiza com uma nova. No caso de Pawla, a dor de cabeça deixou um "eco" sensorial em seu cache mental. O cache, então, devolveu esse eco em uma espiral infinita. Embora a dor de cabeça variasse de momento a momento, o cache guardava apenas um instantâneo do momento mais intenso (o "pico da dor"), porque era o mais evidente e importante, aquele que a mente acreditava que precisava ser lembrado (ver o diagrama adiante). Esse eco doloroso vindo do passado imediato ricocheteou no presente e depois no futuro. Ela acabou reagindo a uma dor que já não tinha a mesma intensidade de antes. Dizer "Tudo bem não gostar dela" foi o suficiente para o eco ser deixado de lado. E isso permitiu que Pawla sentisse o que de fato acontecia no momento presente – que era bem diferente do que esperava.

Pico da dor captado no cache

Intensidade da dor

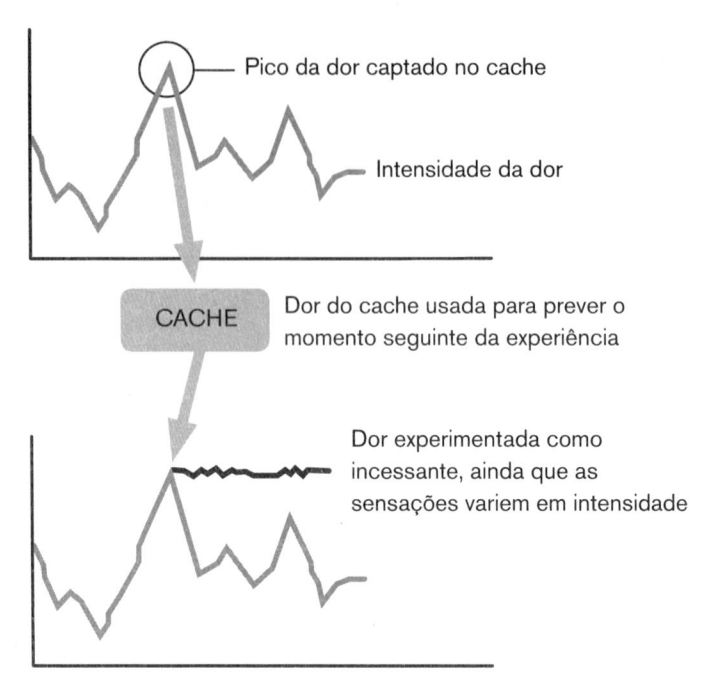

CACHE — Dor do cache usada para prever o momento seguinte da experiência

Dor experimentada como incessante, ainda que as sensações variem em intensidade

Como o pico da dor pode ricochetear no presente e no futuro

"Se a dor de cabeça tivesse persistido, eu teria tomado um remédio. Não estou disposta a suportar a dor pela dor. Acontece que, mais tarde naquele dia e à noite, tive outras pequenas dores e me senti da mesma forma. Às vezes não consigo dormir por causa de dores de artrite. Fico virando de um lado para o outro, incapaz de me sentir confortável. Tentei dizer a mim mesma: 'Isso é desagradável; tudo bem não gostar', e foi incrível. O que me chamou atenção foi que, em cada caso, eu tinha certeza de que a dor estava lá, mas quando procurei por ela, já não apresentava tanta intensidade. Então, de fato, eu estava sentindo um eco de dores anteriores. A dor real era bem menor do que eu pensava. E depois disso, o sono veio com mais facilidade."

Embora a dor tenha se dissipado quando Pawla prestou atenção nela, não significa que não fosse real, que não estava sentindo ou que era imaginação ou invenção. O mesmo se aplica à dor que você sente. No entanto, as origens são diferentes daquela em que você possa ter acreditado, e a intensidade pode variar a cada momento muito mais do que você espera. É importante ressaltar, portanto, que você pode aprender a deixar para trás grande parte de seu sofrimento.

No caso de Pawla, por que ela não notou que a dor aumentava e diminuía sozinha? E por que não percebeu que às vezes sumia? Como muitos de nós, ela não queria se voltar para as sensações de dor.[3] Temia que fosse muito intensa. Queria se afastar dela, mandá-la embora, fingir que não existia. Então, ela só reconhecia o eco doloroso armazenado em seu cache mental, e não os dados em tempo real de seus sentidos. O simples ato de prestar atenção nos tons de sentimentos a reconectou aos momentos de quietude que existem até entre as sensações mais intensas. Nesses momentos de silêncio encontramos um pouco de paz em tudo que estiver nos perturbando.[4]

Transformar a dor durante o parto

Aprender a observar a dor forte pode, paradoxalmente, transformar a experiência para melhor. Mesmo em episódios mais intensos de dor, é possível achar períodos de relativa paz. Um bom exemplo é fornecido pelo trabalho pioneiro de Nancy Bardacke, do Centro Osher de Medicina Integrativa da Universidade da Califórnia em São Francisco (UCSF). Ela desenvolveu o curso Parto e Criação de Filhos Baseados na Atenção Plena para ajudar os pais a lidarem com a gravidez, o parto e cuidados infantis. Em seu livro *Mindful Birthing*,[5] ela ensina às grávidas como enfrentar a dor do parto. Uma de suas técnicas é fazer uso de blocos de gelo na mão, a fim de preparar a gestante para uma dor que parece forte, mas não oferece perigo. Esse tipo de ajuda provoca um entendimento de como é comum não se dar conta dos momentos sem dor entre as contrações. Algo compreensível se as sensações mais intensas estão armazenadas no cache mental, com tons de sentimento desagradáveis contribuindo para as previsões de dor intensa. O curso também facilita o processo de parto e a criação de filhos, reduz a ansiedade e a depressão ligadas à gravidez, e ajuda os pais a fazer escolhas mais bem-informadas sobre a gestação.[6]

Alex passou por um momento crítico na Semana 4 – e com o auxílio de seu professor de atenção plena escolheu um caminho em meio às dificuldades. Ele enfrentou a angústia mental da mesma forma que Pawla reagiu à dor física. Esvaziou o cache mental de suas recorrentes dores mentais ao aceitar conscientemente a sensação desagradável.

A crise começou com um e-mail em uma tarde, enquanto Alex organizava um encontro do clube de excursionistas a que pertencia. Era um grupo de amigos que se conhecera muitos anos antes em um acampamento e sempre se reencontrava. Com os filhos crescidos e morando fora de casa, a velha guarda se reunia ao menos uma vez no verão. Era um evento muito agradável. Alguns anos antes, uma parte do grupo se desfez após uma discussão com um casal que reclamou de ter sido deixado de fora de uma das reuniões. Isso criou um clima péssimo, com o casal saindo do grupo, dizendo que não queria mais receber nenhuma mensagem. O desejo foi respeitado até que Alex, sem querer, o incluiu de novo no grupo. Ele estava enviando e-mails para todos sobre o encontro anual e, depois de ter enviado, percebeu com espanto que usou a lista antiga de e-mails em que constava o nome do casal. Pensou, então: "Talvez eles tenham mudado de ideia e queiram voltar a entrar em contato."

Dois minutos depois, uma resposta chegou: "Por que enviou esse e-mail? Você nem olha antes de mandar algo? DEIXE A GENTE FORA DA LISTA!"

Alex ficou chateado. Ele se sentiu culpado pelo erro e envergonhado também, já que a cópia da resposta foi enviada a todos. Ele já era uma pessoa sensível, e essa situação o deixou péssimo. Então, decidiu praticar a caminhada com atenção plena.

Conforme caminhava, sua mente começou a divagar, e ele passou a remoer os acontecimentos que ocorreram mais cedo, considerando até sair do clube.

Qual o sentido? ele pensou. *Estou sempre errando. Sempre decepcionando as pessoas.*

E sentiu a negatividade se instalando em sua mente. *Qual o sentido da minha prática de atenção plena? Ela nunca funciona quando preciso. Como posso aceitar essa situação tão decepcionante? Por que deveria aceitar?*

Mais uma vez ele tentou se concentrar no fluxo de pensamentos, que era incessantemente desagradável. Então lembrou-se do conselho do professor de atenção plena sobre "acender a luz" ao internamente nomear o tom de sentimento "desagradável" e depois acrescentar "Tudo bem não gostar disso".

Toda aquela negatividade se dissolveu.

"Foi uma surpresa total", comentou. "Continuei caminhando, mas minutos depois aquela troca de e-mails idiota voltou à minha mente. Só que, dessa vez, uma emoção diferente surgiu. Não estava mais chateado comigo mesmo, mas com muita raiva do casal. Estava furioso. Então meus pensamentos começaram a se agitar e passei a remoer tudo de novo. Depois de mais alguns minutos raivoso e chateado, me lembrei de prestar atenção em como me sentia. Qual era a *real* sensação dos meus tons de sentimentos. Não foi fácil levar a atenção do ressentido para o tom de sentimento, mas consegui. Disse para mim mesmo: 'Ah, isso também é desagradável. E tudo bem não gostar' – e mais uma vez a negatividade desapareceu."

"Normalmente, eu ficaria remoendo uma situação igual a essa por dias, talvez semanas", contou Alex. "E teria terminado com um estado de espírito terrível. Um humor sombrio e profundo que não melhoraria, por mais que eu reagisse. Eu teria analisado que estava exagerando na reação, sendo muito sensível, que a culpa foi do casal e era hora de revidar. Então teria começado a odiar o casal, o clube de excursionistas, e no fim teria me odiado por sentir tanta raiva. Teria continuado assim dia após dia. Mas dessa vez não. Cessei a espiral descendente antes de ela se descontrolar. Reconhecer o estado de espírito, observar o tom de sentimento, depois constatar a negatividade, e assistir a tudo isso se dissolver – apenas dizendo para mim mesmo: 'Tudo bem não gostar disso' – foi uma revelação. Pareceu um milagre."

Tess achou a caminhada com atenção plena desafiadora por outros motivos. Mesmo insistindo, sempre que tentava se concentrar nas sensações ao andar, sua mente disparava. Fazia tudo, menos focar na meditação em questão. Com frequência, tinha o que costumava acreditar ser "pensamentos e fantasias inapropriados" sobre o marido da amiga – e às vezes sobre a amiga.

"Meu problema é muito simples, tenho um marido sério e 'desatento', com quem tenho dificuldades de me relacionar. Essa é a desvantagem. A vantagem é que temos uma vida muito confortável com três crianças felizes e saudáveis. Normalmente consigo espantar as fantasias e os pensamentos inapropriados, mas durante a caminhada com atenção plena eles me dominam. Não parece certo dizer: 'Tudo bem gostar disso', porque esses pensamentos são errados."

Todos nós, de vez em quando, temos pensamentos, sentimentos e impulsos que nos envergonham e nos deixariam em pânico se outras pessoas soubessem deles.[7] Mas é normal tê-los. Você não pode fazer muito em relação aos pensamentos, às imagens e aos impulsos espontâneos que surgem na mente. Mas pode fazer algo sobre o que acontece depois – ao escolher como lidar com eles e como vai agir de acordo com eles ou não. Ética tem a ver com o seu comportamento, não com o conteúdo da mente. Quando tiver esses pensamentos e concluir que "sou uma pessoa ruim", "estou ficando louco", "sou perigoso", a consequência é que vai se sentir pior, deixando seu estado de espírito ainda mais vulnerável e aumentando as chances de os pensamentos voltarem.

No fundo, Tess sabia de tudo isso, mas ainda se sentia mal com suas fantasias. Elas sempre se destacavam enquanto meditava caminhando, mas mesmo assim insistia na caminhada, trazendo para as fantasias o máximo de atenção plena. Aos poucos, milímetro a milímetro, ela começou a vê-las como realmente são – eventos mentais agradáveis, desagradáveis ou neutros. Enquanto caminhava de um lado para o outro no corredor, percebeu como vinham e iam. Ela seguiu o conselho de sua professora e prestou atenção em como cada pensamento "inapropriado" desencadeava tons de sentimento bastante agradáveis, e como reagir a eles – culpada e envergonhada – provocava ondas de tons de sentimento desagradáveis.

"Lembrei-me do que minha professora disse: a atenção plena do tom de sentimento tem a função de um 'anjo da guarda'. Consiste em ver com clareza – inclusive para onde algo pode levar. O que me ajudou a parar na hora certa para refletir e ver o quadro geral. Comecei a perceber a diferença entre compreender os pensamentos e os impulsos, por um lado, e alimentá-los e satisfazê-los, por outro. Pensar é uma coisa, mas agir conforme esses pensamentos é outra – e a distância entre ambos é enorme."

Para "ver com clareza" é fundamental saber diferenciar entre fantasia e realidade, para agir com sabedoria. Pode parecer que pensamentos, imagens e impulsos, tais como os de Tess, estejam minando seus valores mais profundos – mas não estão. São apenas pensamentos, imagens e impulsos. Nada mais. Não são reais. Não são ordens que precisam ser obedecidas. E não são você – porque você não é os seus pensamentos. Apenas note a presença deles sem julgá-los e permita que se desfaçam em seu próprio tempo. Caso se sinta vulnerável por causa de algum comportamento problemático no passado, essa abordagem concede tempo para se distanciar do risco. Isso pode ser útil para quem luta contra vícios e comportamentos de risco, ajudando a perceber os momentos de maior perigo, quando se está cansado, com fome, sozinho ou com raiva. Nesses momentos temos a sensação de que merecemos tudo, o que reduz nossa capacidade de escolher com sabedoria. Todos temos fraquezas e vícios, pequenos ou grandes, e conhecer nossas vulnerabilidades é preciso. Se você teve problemas com apostas, essa abordagem pode significar não passar na frente de casas de apostas ou bloquear certos sites; se teve dificuldades com álcool, pode significar não andar perto de algum bar. Esse tipo de "precaução com atenção plena" é uma boa estratégia.[8]

O oposto dessa estratégia – que acarreta grandes sofrimentos – é a "precaução sem atenção plena". Uma armadilha em que é fácil cair. No início do capítulo falamos sobre a dificuldade de Jonathan em aceitar as experiências positivas do dia a dia. Isso teve origem em sua criação, e o subconsciente o forçou a não querer ser visto como ingrato por eliminar sua capacidade de admitir que não gosta de algo. E também abalou seu potencial de apreciar o lado positivo da vida. Lembremos que, para dar valor ao que é bom, precisamos aprender como abordar a negatividade com maestria. Evite um, e evitará ambos.

Há, porém, outro motivo para não vivenciarmos o que é agradável. Estamos sempre muito ocupados, com a mente preocupada com o futuro. Vivemos a caminho de algum outro lugar, inclinados ao que vem a seguir, e a mente costuma chegar ao destino antes mesmo de partirmos. Raras vezes percebemos o momento presente acontecendo aqui e agora. O que significa que coisas "menores" passam despercebidas, porque não estamos conscientemente presentes para notá-las e apreciá-las. O que é agravado pelos preconceitos da mente.[9] Para revelá-las, a professora de meditação Martine Bachelor pediu que os alunos imaginassem uma escala de momentos desagradáveis e agradáveis de -10 até +10. Descobriu-se que a maioria de nós é altamente sensível ao negativo. Percebemos os instantes desagradáveis a partir de -1, mas os agradáveis requerem, em média, +5 para chamar a atenção. Ou seja, os "pequenos" momentos agradáveis costumam não ser apreendidos. Reequilibrar uma vida leva algum tempo, mas é possível com as práticas a seguir. E você pode começar agora.

Exercício de gratidão dos dez dedos

Esta é uma breve prática diária para ajudar a entrar em sintonia e apreciar os pequenos momentos agradáveis.

1. Reserve um tempo para se acomodar e ancorar, estando sentado ou deitado. A certa altura, permita que sua atenção se fixe na respiração e depois, quando estiver pronto, expanda sua atenção pelo corpo como um todo.
2. Permita-se recordar as últimas 24 horas, ou o período desde a última prática, e traga à mente dez itens pelos quais é grato. Conte-os nos dedos, trazendo à lembrança coisas comuns do dia.
3. Veja se consegue chegar até dez, ainda que fique difícil após quatro ou cinco. Neste ponto, reconheça as pequenas coisas que costumam passar despercebidas – como a água na torneira, a lavagem e a secagem da louça, a primeira colherada de uma refeição, o

primeiro gole de uma bebida quente, o sorriso de um transeunte, a brisa balançando as árvores, a cor de uma parede. Pode haver outras coisas também – grandes ou pequenas – esperando para ser notadas.
4. Volte à respiração quando terminar. Você pode completar o exercício dos dez dedos apreciando o caráter revigorante de cada respiração – uma após a outra (meditações 4.6 e 4.7).

Prática Diária da Atenção Plena: apreciação

A cada dia, procure um pequeno momento em que note algo agradável. Não precisa ser nada grandioso ou importante. Mas, ao observá-lo, tente pausar por um momento. Observe então as sensações do corpo. Entre em sintonia com o corpo em pé, sentado ou andando, permitindo que ele seja como é, talvez dizendo internamente: "Tudo bem gostar disso." (Tente usar a meditação 4.8, "Apreciação", por alguns dias, para se familiarizar.)

Para Renata, prestar atenção no que ela gosta – algo tão difícil no começo – tornou-se fácil com a prática.

"Dez coisas?", ela perguntou. "No início parecia muito. Uma ou duas coisas acontecendo a cada duas horas – até no trabalho – não era nada fácil."

"Faço questão de começar com uma refeição maravilhosa nas noites de sexta-feira, logo depois de chegar em casa. Achei que seria difícil, mas uma vez que decidi me concentrar nas coisas pequenas porém óbvias, foi bastante simples. Minha refeição noturna tinha dois elementos agradáveis – e um cálice de vinho completou três. Cheguei a sete coisas positivas e, apesar da dificuldade, consegui atingir dez."

Renata descobriu que esse exercício a fez pensar melhor nos acontecimentos do dia, com seus altos e baixos, e produziu um efeito positivo no dia seguinte. No meio da semana, ela começou a observar pequenos momentos agradáveis durante o dia e passou a apreciá-los do jeito que eram. Descobriu que usar os dedos para contar ajudava. E começou a tocar os dedos de leve como um sinal para si mesma: "Este é um momento que estou valorizando" – um momento de reconhecimento. Para ela, a prática da caminhada e a gratidão andavam juntas. Antes, ela "nem sabia como seus pés funcionavam". E se sentiu muito grata pela simplicidade de andar e se alongar.

Assim como Renata, Jonathan teve dificuldades no início: "Você pode pensar que vir de uma família que insiste em ser grata por tudo facilitaria as coisas para mim, mas... não." No entanto, no meio da semana, ele percebeu que as dez coisas não precisavam ser momentos grandiosos e marcantes. E notou algo bem sutil. O alcance emocional começou a se expandir. Da mesma forma que Renata, Jonathan estava começando a experimentar as situações agradáveis – e desagradáveis – à medida que aconteciam.

"Era como se alguém acendesse a luz no final de um show. De repente, você vê todos sorrindo, ouve os aplausos rompendo o silêncio, sente o arrepio de empolgação na pele – e, claro, observa muito lixo no chão e partes da parede que precisam ser pintadas. Porém é tudo real. É adorável e emocionante, é sombrio e às vezes um pouco sujo. Eu acho que isso pode se chamar 'estar vivo'. Foi assim que me pareceu. Depois de anos sufocando os sentimentos agradáveis e desagradáveis, de repente senti que ganhei minha vida de novo."

No decorrer da semana, a mente de Jonathan começou de maneira natural a entrar em sintonia com pequenas coisas: um dia, em uma caminhada de 10 minutos, ele percebeu que estava gostando da sensação dos pés no chão frio, e mentalmente observou: *Ah, agradável*. E: *Tudo bem gostar disso*. Depois notou o ar fresco soprando em seu rosto. *Agradável* – e *Tudo bem gostar disso*. Aos poucos, descobriu que essa nova atitude de "permitir" estava se firmando e ficando cada vez mais fácil. Também se deu conta de que poderia desacelerar – estar presente em seu corpo e seus pés, estar ali naquele momento. Percebeu os +1s e +2s – "Esse sanduíche está gostoso; meus sapatos são confortáveis; não estou com dor de cabeça hoje; aquela água que bebi estava fresca." E descobriu vários motivos para ser grato: momentos de tranquilidade e relaxamento de manhã, temperaturas frescas, conversar com amigos, um delicioso almoço de domingo, um cochilo de tarde, o primeiro gole no café da tarde, ler um livro, assistir à televisão, ver o pôr do sol nas montanhas, o brilho das estrelas ao anoitecer, festejar a vitória de seu time de futebol... E, se não chegasse às dez coisas, se concentrava nas próximas respirações – em cada uma delas – com um profundo sentimento de gratidão e de admiração ao ver quão revigorantes e estimulantes eram.

CAPÍTULO 9

Semana 5: Tom de sentimento no limbo da consciência

No início envolvente da trilogia *Fronteiras do universo*,[1] o autor Philip Pullman descreve uma cena na qual uma jovem caminha lentamente pelo corredor vazio e sombrio de uma antiga faculdade, com mesas prontas para receber os convidados.

"Lyra chegou ao tablado, olhou para a porta da cozinha que estava aberta lá atrás e, não vendo ninguém, aproximou-se da mesa principal. Ali os lugares eram revestidos de ouro, não de prata, e os 14 assentos não eram feitos de carvalho, mas de mogno com almofadas de veludo.

Lyra parou ao lado da cadeira do diretor e deu um leve toque no copo maior. O som ressoou claramente pelo salão."

Pullman é fascinado pela física moderna e usa alguns de seus princípios para explorar ideias literárias. Ele questiona em um artigo qual é a partícula fundamental de uma história – o menor elemento em que pode ser dividida.[2] Você pode pensar que histórias são feitas de palavras, diz ele, mas a maioria de nós começou na infância com livros de figuras. De fato, a linguagem é essencial. Até percebermos que é possível contar histórias por meio do balé, da mímica ou da música.

Pullman escreveu: "Acredito que histórias são feitas de acontecimentos e que as partículas fundamentais de uma história são os menores acontecimentos que podemos encontrar."[3] Ele usa o exemplo de colocar leite – ou veneno – no copo de alguém. Em *A bússola de ouro*, são as ações de Lyra, as coisas que faz, como "chegou ao tablado...", "olhou para a porta...", "aproximou-se...", "deu um leve toque no copo maior..." Por que esses acontecimentos contam como partículas fundamentais? Porque cada um deles, cada pequena situação, evoca uma imagem mental, junto com sons, sabores, cheiros, pensamentos, sentimentos, emoções e até sensações. Eles sintetizam um momento no tempo, uma única imagem de uma sequência. E quando cada partícula é seguida por outra, e mais outra, evoca um fluxo de consciência que nos conduz a um mundo onde o contador de histórias é rei.

Existe uma razão pela qual essas "partículas da história" são tão poderosas (e por que Pullman é um ótimo narrador): elas tocam a mente em um nível fundamental. Quando Pullman fala sobre ações serem as "partículas de uma história", está querendo dizer que também são válidas para a mente. Também são partículas fundamentais da consciência – cada ação, cada quadro em uma série de modelos mentais; a explosão de imagens que pode facilmente sair do controle.

Entendemos o mundo por meio das ações, e os objetos com os quais interagimos se tornam parte da nossa "mente estendida", uma ideia nova e empolgante que vamos explicar. Você pode achar algumas das próximas páginas deste livro inesperadas, mas elas vão oferecer uma ideia bastante nova que promete levar sua prática a um nível bem diferente. Baseiam-se nos últimos avanços da neurociência, até recentemente desconhecidos. Muitas das ideias têm notável semelhança com as antigas filosofias budista e grega.

A HISTÓRIA TEM INÍCIO com nossa maneira de interpretar o mundo. O psicólogo Steve Tipper e sua equipe passaram muitos anos pesquisando a consciência e a atenção, descobrindo semelhanças incríveis com as ideias de Philip Pullman. Acontece que não entendemos o mundo com o pensamento lógico: construímos uma imagem interagindo fisicamente com ele. Mesmo no nível mais básico, só percebemos e entendemos os objetos quando a mente e o corpo tentam descobrir o que podemos fazer com eles.⁴ Somente ver um objeto, como uma xícara, ativa as regiões cerebrais necessárias para compreendê-lo, mesmo que não haja nenhuma intenção de fazê-lo e nenhuma ação seja tomada depois.⁵ O simples reconhecimento de uma xícara – entender o que é e qual o seu uso – é feito pela mente e pelo corpo por meio da simulação de seus usos.⁶ Para a mente, um objeto contém muitas informações sobre si mesmo. Então, de maneira estranha, o cérebro delega um pouco de sua memória para o objeto, de modo que ele se torne parte de algo maior, ou da mente estendida. E a compreensão de seus usos é incorporada, ou fica implícita, no objeto – dessa forma, você sabe *como usá-lo* sem precisar pensar sobre isso.

A mesma experiência é válida para tudo. Se você ler a palavra "martelo", a área do cérebro necessária para utilizar um martelo é ativada, e você *simplesmente já sabe* como usá-lo.⁷ Se você é motorista e ouve a palavra "carro", simula dirigi-lo na mente e no corpo sem qualquer pensamento consciente. Tudo isso acontece de maneira automática e inconsciente. E essas "partículas de ação" são combinadas, quadro a quadro, para criar fluxos de consciência que levam a uma terra em que a simulação reina absoluta.

Na prática, isso significa que, sempre que você vê ou percebe algo, existe, logo abaixo do limiar da consciência, uma "disposição automática para agir". As ações e as reações imaginadas não são mera consequência da percepção, mas estão criticamente envolvidas na compreensão do mundo. Os processos cerebrais relacionados à *percepção* da ação e sua *execução* são similares, conforme comprovam os estudos. Quando se pede que você julgue o peso levantado por outra pessoa, por exemplo, o sistema motor e somatossensorial do cérebro é ativado (o mesmo sistema que teria sido ativado caso você fosse levantar o objeto).⁸ Então seu corpo se prepara de maneira automática para a ação. A fim de analisar essas ideias, Steve Tipper e colegas realizaram um experimento em que participantes assistiram ao vídeo de uma mão pegando uma caneca de café, enquanto se analisava se uma parte importante do cérebro (conhecida por mudar quando se realiza uma ação) era afetada por observar alguém realizando uma ação.⁹ O experimento mostrou que a mudança ocorreu no cérebro, como se o voluntário tivesse pegado a caneca.¹⁰ Testemunhar uma ação preparou os corpos dos participantes para reagir da mesma forma, e o cérebro e os sistemas corporais ligados à percepção mostraram-se iguais àqueles ligados à ação.

Na prática, isso significa que o estado do corpo é essencial na interpretação e na compreensão do mundo.[11] Algo que também se estende à empatia, compaixão e compreensão de outras pessoas, porque existem no cérebro "neurônios espelhos" que simulam as ações dos outros. Ou seja, ao ver alguém dando uma topada, você estremece e sente um pouco de dor. Quando vê alguém rindo, chorando ou ficando com raiva, sente a emoção encenando-a em sua mente e seu corpo. Você sente as ações dos outros como se as estivesse realizando.[12] Isso explica muitos vícios. É por isso que um alcoolista pode ter uma recaída só de olhar uma garrafa de vinho – ou um dependente em cocaína, só de ver um pó branco. Também explica por que ondas positivas ou negativas de sentimentos podem arrebatar uma sociedade, e por que a propaganda (e as redes sociais) são tão poderosas.

Esses exemplos nos levam ao cerne da questão: a mente realiza grande parte dessa atividade abaixo do limiar da consciência, sem qualquer estímulo ou controle consciente, porque é possível perceber muitas coisas sem ter consciência delas.[13] Pelo que sabemos sobre percepção subliminar, isso não surpreende. Um bom paradigma são os testes que envolvem "pré-ativação subliminar". Em um dos conjuntos de experimentos, pediram aos voluntários que reagissem a palavras (como "alegria" e "morte") pressionando um botão para dizer se eram agradáveis ou desagradáveis. Mas havia um porém. Os experimentos foram preparados para que o computador mostrasse ao voluntário uma palavra de "pré-ativação" um momento antes de mostrar aquela que deveriam julgar. A palavra aparecia tão rápido que ninguém conseguia ver.[14] No entanto, os resultados mostraram que eles *podiam* ver, mas não conscientemente. E isso afetou a percepção geral de maneira muito poderosa. Uma palavra de pré-ativação negativa (como "triste") reduzia as reações a palavras positivas (como "feliz") e aumentava as reações a palavras negativas (como "morte"). O contrário também era verdadeiro: uma palavra de pré-ativação positiva ("alegria") aumentava a reação a palavras positivas ("feliz") e reduzia a reação a palavras negativas ("morte").[15] Então a expectativa dominava, mesmo (ou especialmente) quando não a percebiam. O subconsciente dos voluntários captava o fato de que algo era positivo ou negativo e reagia; e essa reação passou a afetar toda a atitude deles nos momentos seguintes – e depois.

Não nos limitamos a uma previsão sobre como reagir e não esperamos passivamente que as situações aconteçam. O corpo se prepara para a ação e reúne as fontes necessárias para realizá-la. A neurocientista Lisa Feldman Barrett descreve isso como se o corpo estive preparando um "estoque" do que precisa – retirando recursos da "conta bancária" e mantendo um "registro" das entradas e saídas importantes. Você sente esse estoque corporal acontecendo por meio da *interocepção* – a percepção corporal do ambiente interno que reflete os efeitos das mudanças nos fluxos sanguíneos, dos músculos se preparando para a ação, da liberação de hormônios e dos fluxos de energia e níveis de recursos.[16] E esse estoque contínuo do corpo muitas vezes começa no intestino (sim, ele sabe das coisas). Você pode ter uma sensação de tensão quando os músculos se contraem, os braços e as pernas se preparam para se movimentar ou o estômago ou os ombros se contraem. Às vezes, essa preparação é sutil. Outras vezes não, e você consegue perceber a mudança de posição dos membros, a temperatura do corpo subindo ou descendo, o estado de alerta mudando, ou talvez uma sensação de frio na barriga, de aperto ou náusea. É como se um exército estivesse se mobilizando, preparando-se para ação. Toda a condição física muda em um segundo.

Imagine como isso afeta a cisma ou a preocupação. A cisma consiste em pensar demais nas ações passadas, aquelas que você poderia ter feito ou acha que deveria ter feito. A preocupação é uma ação futura que você pensa que precisará praticar para evitar que os medos se tornem realidade. No meio da noite, enquanto se revira na cama, você está vivendo – experimentando de verdade – uma série de simulações (ou sequências de imagens) que são repetições de ações passadas ou ainda não realizadas. O corpo está se preparando, mobilizando recursos e reunindo forças, pronto para ações que provavelmente você não vai concretizar – ainda mais em plena madrugada. Não é de admirar que não consiga dormir. O mesmo acontece com outros estados mentais desagradáveis. Ansiedade e estresse são manifestações do corpo preparando-se para a ação – inutilmente, sem parar. Depressão e exaustão refletem um corpo que foi muito além das suas reservas.

Os tons de sentimento exercem aqui um papel fundamental. Eles afetam e são afetados por esses processos circulares. A intensidade e a direção do tom de sentimento dão o rumo e a urgência para a ação imaginada. E essas ações tornam os modelos mentais ainda mais atraentes. Eles parecem sólidos. Reais. Não há como escapar. E o corpo parece confirmar isso, dizendo: *veja – ele está se preparando...* Na verdade, muito do que deixa você exausto é o corpo *se preparando* para ações que você não precisa realizar e provavelmente nunca realizará. É como se ele estivesse convocando sem parar tropas para a guerra, para depois pedir que se retirassem.

O objetivo da Semana 5 é aproximá-lo da origem das dificuldades e ainda mais da resolução. Primeiro, você vai entrar em sintonia com as oscilações naturais dos tons de sentimento e, em seguida, observar como a mente e o corpo se preparam para a ação. Em seguida vai explorar o que acontece quando deixa de lado a necessidade de agir ao dizer gentilmente a si mesmo: "Nenhuma ação é necessária agora." Dentro do contexto da atenção plena, essas palavras estão entre as mais poderosas.

Práticas para a Semana 5

- **Meditação "Tom de sentimento momento a momento"** – pratique ao menos seis nos próximos sete dias, durante 10 minutos duas vezes ao dia (meditação 5.1) ou 20 minutos uma vez ao dia (meditação 5.2). Uma vez familiarizado com as instruções, sinta-se livre para usar a versão com instruções mínimas (meditação 5.4) ou use o som do sininho. Ao menos um dia nesta semana, pratique por 30 minutos (meditação 5.3).
- **Prática Diária da Atenção Plena: observe o tom de sentimento no dia a dia** – pratique ao menos seis dias na próxima semana. Você pode começar com três ou quatro atividades antes de aumen-

tá-las aos poucos. Use a orientação em áudio (meditação 5.5) nos primeiros dias para se familiarizar com a prática.

Todas as meditações desta semana podem ser encontradas em www.sextante.com.br/atencaoplenaprofunda.

As meditações também podem ser encontradas no site do autor em franticworld.com/deeper-mindfulness (em inglês).

Ao realizar a meditação "Tom de sentimento momento a momento", lembre-se de que, mesmo sendo uma parte constante da experiência, os tons de sentimento podem aparecer e desaparecer com rapidez. A intenção não é captar todos, e sim aqueles que chamarem imediatamente a atenção. Na meditação desta semana, você será convidado a usar a respiração como um marca-passo, um lembrete regular e gentil para entrar em sintonia com o tom de sentimento. Mas não é para entrar em sintonia com o tom de sentimento da respiração *em si*, nem com o tom de sentimento de um ponto específico no ciclo da respiração. O tom de sentimento pode aparecer e desaparecer em qualquer parte dentro do corpo – ou da mente – de um momento para outro. A tarefa é tentar perceber isso, independentemente de onde apareça, e sobretudo focar no tom de sentimento no instante (normalmente calmo) final da expiração.

Pode ser interessante você manter um registro do que aprende todos os dias. Se você mantém um diário ou uma agenda, anote como as coisas estão indo: as dificuldades, as satisfações ou as descobertas que experimentou.

O exercício "Observe o tom de sentimento no dia a dia" sugere que você se torne consciente dos tons de sentimento das várias atividades realizadas no decorrer do dia (ver quadro da página 156). Você pode começar com poucas atividades, como pegando uma bebida na cozinha, fazendo uma refeição ou escovando os dentes. No decorrer da semana, pode aumentar o número de atividades nas quais prestar atenção. Tente perceber quaisquer reações ao que está acontecendo. Elas podem se manifestar por meio do desejo de persistir num momento agradável, de se livrar de um momento desagradável, de se desligar de um momento neutro ou por meio da sensação de inquietação que surgiu porque você está entediado. Neste caso, você pode reagir buscando estímulos – ligando a televisão ou checando o celular, ou ainda procurando algo para comer ou beber. Às vezes, o tom de sentimento de um momento só é percebido por meio de "pegadas na areia" – ou seja, pelo efeito deixado depois que se foi. Então, pode ser que você só note um tom de sentimento neutro depois que ligar a TV ou checar o celular. Se isso acontecer, ainda que muitas vezes, tente não se criticar. É normal, mesmo que você ache que está "perdido dentro de sua cabeça". Observe da melhor maneira possível a tonalidade do momento no qual você despertou de seu fluxo de pensamentos e ações. Em seguida, faça uma pausa, registre e acolha o tom de sentimento, escolhendo de maneira consciente o que fazer a seguir, sem ser guiado por um hábito. Você também pode praticar durante os "espaços intermediários" das atividades diárias, quando, por exemplo, estiver fazendo uma caminhada ou esperando por alguém (ou algo).

Meditação "Tom de sentimento momento a momento"

Agora você vai cultivar a percepção do tom de sentimento e observar a sensação sutil de agradável ou desagradável que acompanha cada momento.

Preparação
1. Sentado com uma postura que reflita uma sensação de presença, leve a atenção para a âncora desta prática: o contato com o chão ou a superfície onde estiver sentado, o contato das mãos sobre o quadril ou as coxas, ou a respiração.
2. Quando estiver pronto, expanda o foco de sua consciência para o corpo inteiro.

Tom de sentimento momento a momento

3. Sentado, tente entrar em sintonia com o tom de sentimento de cada momento – agradável, desagradável ou neutro, e o registre a cada respiração. No final da expiração, quando a respiração estiver quase no fim e existir uma breve pausa antes de inspirar novamente, faça um registro suave da sensação deste momento: agradável, desagradável ou neutra?

4. Ao final de cada expiração, continue registrando a sensação sutil no corpo e na mente, observando se cada momento é agradável, desagradável ou neutro. Ao perceber o tom de sentimento, se for agradável, diga a si mesmo: "Tudo bem gostar disso." Caso seja desagradável, diga: "Tudo bem não gostar disso."

5. E, ao constatar que a mente está se preocupando com o futuro ou se perdendo no passado, diga a si mesmo: "Nenhuma ação é necessária agora" ou "Nenhuma ação é necessária neste momento" (ou a frase que lhe parecer mais apropriada).

6. Se for difícil notar o tom de sentimento a cada respiração, faça uma pausa e deixe a atenção retornar à âncora (pés, assento, mãos, respiração), voltando a registrar o tom de sentimento na expiração quando se sentir pronto.

Fim

7. Nos últimos momentos da prática, retorne o foco à respiração ou à âncora escolhida, lembrando que a capacidade de registrar cada momento como agradável ou desagradável traz uma sensação mais profunda de como as coisas estão e uma disposição maior de permitir que sejam como são, sem se prender à ação e à reação imaginadas. No momento seguinte, você pode até achar novos meios de reagir com maior gentileza e sabedoria nos próximos acontecimentos.

Megan achou as práticas dessa semana "libertadoras", tanto que a ajudaram a se livrar da punição da autocrítica. Ela disse que foi como "uma revelação".

"Quase pude 'ver' como vinha me torturando com o perfeccionismo e o desejo de agradar aos outros. Logo ficou bem claro que eram os meus sentimentos *desagradáveis* de frustração e irritação que desencadeavam os pensamentos terríveis que eu tinha sobre mim mesma – pensamentos sobre como sou inútil, como sempre tenho dificuldades com coisas fáceis, como sempre decepciono os outros. Exceto que dessa vez consegui sentir de verdade os tons de sentimento surgindo e fui capaz de observar como eles se aquietavam. Pela primeira vez *na vida* consegui parar de me sabotar e de me torturar por minhas 'falhas.'"

"O segredo foi usar a expiração como uma deixa para prestar atenção nos tons de sentimento", disse Megan. "Essa regularidade é essencial para mim, porque me distraio com facilidade. E me sinto frustrada e com raiva quando percebo que me distraí de novo. Por esse motivo, usei a respiração como um pequeno metrônomo – um lembrete para prestar atenção. Agora parece tão simples, se você lembrar de usá-la. Funcionou para mim. Sentada, acompanhava a respiração, cada uma delas, e esbarrava em uma tonalidade. Eu as observava e nomeava como agradáveis, desagradáveis ou neutras."

"De repente, no meio da semana, notei que meu corpo se contraía bem na hora em que percebia um tom de sentimento. Ao prestar mais atenção nisso, descobri que cada tom de sentimento tem um tipo de 'assinatura'. O desagradável se manifestava como um aperto no estômago, bem atrás do umbigo, e se espalhava para as laterais do corpo. Era como um pequeno soco, e toda a minha barriga ficava contraída. Era muito forte, nem sei como não me dei conta antes. Os neutros eram meio *sem graça*. Quase imperceptíveis. Só os reconheci mais tarde, quando minha mente perseguiu algum pensamento aleatório. Ao deparar com um tom de sentimento agradável, me sentia um pouco 'leve' – quase como se estivesse levitando em sua direção, por mais bobo que isso pareça. Era como se borboletas flutuassem dentro de mim. Percebia um fluxo de emoções, desde uma empolgação e uma sensação de anseio até uma amargura diante da constatação de que a vida poderia ser muito melhor. Em seguida, sentia um pouco de irritação e raiva... 'Por que as pessoas têm que ser tão egoístas?' E depois tinha outro pensamento. Minhas expectativas eram muito altas. A raiva surgia a partir de esperanças frustradas. Em algum momento do passado, comecei a acreditar que todo mundo deveria se comportar de maneira sensata e 'racional'. E me apeguei a essa ideia. Claro que as pessoas nem sempre se comportam assim. Quase nunca!"

Como descrito por Megan, os tons de sentimento podem ter uma assinatura física. Mas isso não vale para todo mundo, portanto não se preocupe se não tiver essas sensações. Algumas pessoas podem sentir uma contração no peito, no pescoço, nos ombros ou na garganta, ou uma sensação de abertura quando tons de sentimento agradáveis surgem. Podem sentir as mãos tensas ou relaxadas ou experimentar ondulações vibrando pelo corpo. Tons de sentimento podem se manifestar de muitas formas, ainda mais se você passou muitos anos sem percebê-los. Prepare-se para o inesperado – e para ser surpreendido.

"Sempre que eu expirava, percorria meu corpo em busca de sensações", contou Megan. "Se eu sentisse alguma, aproveitava para checar se era agradável, desagradável ou neutra e, ao gentilmente reconhecê-la, a nomeava e sussurrava para a minha mente: 'Nenhuma ação é necessária agora.' E relaxava e deixava ser *como era*. Depois, esperava pela próxima expiração."

Megan descobriu que dizer essas palavras para si mesma – "Nenhuma ação é necessária agora" – tinha um efeito positivo que persistia por muito tempo após terminada a meditação formal. "Perceber tudo isso, e me dar a liberdade de não ter que fazer nada, fez com que os sentimentos evaporassem. Bons, ruins ou neutros... se os deixasse tranquilos e repousando, desapareciam. Isso me ajudou a ver todas as partes do 'conjunto' desencadeadas pelos tons de sentimento, a emoção crua junto com pensamentos, sentimentos e sensações. Mas algo esquisito aconteceu: parecia que a observação inicial não existia de verdade. Como se de alguma forma eu tivesse transformado todo o conjunto em algo que não era e depois corrigido esse 'erro.'"

"O pior é que eu transformava os momentos agradáveis em tristeza porque desejava conservá-los. Ansiava por um pouco de felicidade na minha vida. Então me agarrava a esses instantes, temendo que fossem embora e nunca mais voltassem. Mas nada disso precisava acontecer. Me dar a liberdade de não agir – de não reagir – impediu que coisas desagradáveis acompanhassem os momentos agradáveis. Por enquanto, porque minha mente não alcançou o nirvana. Mas, no íntimo, percebi que estava me sentindo mais feliz e equilibrada."

Aos poucos, Megan tornou-se mais compassiva com sua mente. Em primeira mão, reconheceu que os tons de sentimento e a maneira como surgem e desaparecem são bastante naturais. O que a lembrou de que não precisava reagir a cada um deles. Poderia observar e esperar, sabendo que outro tom de sentimento logo apareceria. Dizer "Nenhuma ação é necessária agora" rompeu de maneira gentil o elo entre os tons de sentimento e a tendência compulsiva de estar sempre ocupada. Ela podia reagir no seu tempo. E descobriu que o mais sensato para ela *era* não fazer nada.

Saboreie os momentos agradáveis

Compartilhar instantes mais gratificantes é tão natural que acontece sem pensar.

Phil nos contou uma situação que viveu: "Hoje vi um reflexo bonito de uma árvore num lago perto de onde saí para caminhar com minha namorada. Foi uma sorte, porque aquilo poderia passar despercebido. No reflexo, o céu azul brilhava entre as folhas agitadas pelo vento. Comentei o que via com minha namorada. Ela nem ouviu. Insisti. Mesmo assim, ela parecia não enxergar algo tão esplêndido. Fiquei um pouco desapontado, para ser sincero."

Dizer para outra pessoa observar uma vista bonita, tirar uma foto ou olhar para as ondas quebrando na areia costuma ser uma tentativa bem-intencionada de compartilhar e aprofundar uma experiência. O que não é um problema em si, mas, se acontece sempre, acaba

> erguendo uma barreira sutil entre você e a experiência que busca compartilhar, deixando de saborear o momento só para si.
>
> Vivenciar momentos assim, sem a turbulência da ação ou a necessidade da apreciação de outra pessoa, pode ser muito revigorante. De início, pode parecer egoísta, mas não é. Quando você é nutrido por pequenas e preciosas situações, aqueles à sua volta também se beneficiam, pois você se tornará mais atento e "presente" para eles.

Nem todo mundo experimenta fluxos de tons de sentimento agradáveis e desagradáveis. Para alguns, é mais comum vivenciar os neutros. Era o que acontecia com Toyah. Ela se sentia "envolta em indiferença". "Meio entorpecida", contou. "Não de maneira negativa – um tipo de depressão leve, mas sem uma trilha sonora negativa. Parecia algo que vinha da infância. Estava exausta demais para achar alguma coisa agradável ou desagradável. Então, sempre me pegava questionando qual era a intenção da prática. Nada acontecia. Tudo tão neutro. Tão cinza."

Toyah perseverou e olhou por baixo do cobertor da indiferença. Mesmo o tédio pode ficar interessante, disse a si mesma. E lembrou-se de ter ensinado isso ao filho quando era pequeno. Se ele dissesse "estou entediado", ela respondia: "Vamos nos entediar juntos e ver o que acontece."

"Depois de um tempo, ele começava a brincar com materiais aleatórios – algo atraente e criativo. Decidi tentar fazer a mesma coisa com a prática – prestar atenção no tédio dos tons de sentimento neutros. E notei que estava forçando a barra. Reconheci a situação e disse a mim mesma 'Nenhuma ação é necessária agora', como forma de observar minha mente e meu corpo. Pouco depois, percebi que, de modo engraçado, os tons de sentimento neutros eram semelhantes a ficar relaxada e em equilíbrio. Eles significavam que eu não estava empolgada nem infeliz ou deprimida – apenas não estava animada. Então, os acontecimentos ficaram mais leves do que eu esperava. E descobri que havia ali uma atração própria, que eu não precisava estar 'empolgada' ou 'ativa' o tempo todo, que existe um estado que não é nem deprimido nem animado, mas algo intermediário. E às vezes pode ser um lugar reconfortante para estar."

> ### Só consigo ser feliz quando...
>
> Buscar obsessivamente certas metas predeterminadas é uma das maiores fontes de infelicidade e sofrimento, e muitas pessoas não percebem quanto sua felicidade depende de um resultado específico.
>
> Pense em algo que você espera para os próximos doze meses (sair de férias, comprar uma casa ou um carro novo, concluir um projeto importante). Até que ponto você acredita que só conseguirá ser feliz se atingir essa meta ou que continuará em estado de plenitude ainda que não a alcance? Aqueles mais dependentes da realização de planos tendem a se concentrar mais em como as coisas *devem* ser. Agem com menos percepção e são mais reativos e críticos. Em suma, têm pouca atenção plena. Aqueles que conseguem ser felizes mesmo que os fatos não correspondam exatamente às expectativas tendem a agir com maior percepção e são menos reativos e críticos. Se beneficiam mais da atenção plena.[17]
>
> Essa correlação também afeta a vida diária. Você reconhece a tendência de tornar sua felicidade dependente de certos acontecimentos? A lanchonete precisa ter seu sanduíche favorito; você tem que ser pontual em seu compromisso; seu colega precisa sorrir para você; você é quase que "obrigado" a ultrapassar o caminhão lento na estrada...
>
> Se você sente que a felicidade depende dessas minúcias, colocará peso demais em alcançá-las, ainda que sejam relativamente pequenas e insignificantes. Desse modo, desperdiça o estoque de seu corpo em coisas irrelevantes e faz sobrar pouca energia para prestar atenção no mundo e curtir cada momento. Você acaba não saboreando a comida, não vendo as nuvens no céu, não ouvindo o farfalhar das folhas num belo dia de outono. A lista de prazeres diários perdidos é infinita. E você não percebe o aumento do cansaço, da irritabilidade e da impaciência, que pode aos poucos minar o mais sólido dos relacionamentos.

Talvez seja complicado usar a expiração como uma alavanca para entrar em sintonia com o tom de sentimento. E você pode ter dificuldade de distinguir o que é agradável, desagradável ou neutro e se esforçar demais para "acertar". Se você acha que não vai conseguir fazer isso durante toda a semana, lembre-se de que pode voltar à âncora escolhida – aquela usada na Semana 1 (ver página 65) – a qualquer momento. Você não precisa depender da expiração nem da respiração.

Leila teve problemas para notar os tons de sentimento. O que a deixou surpresa, porque isso não havia acontecido nas semanas anteriores. Ela acabou ficando cada vez mais frustrada consigo mesma e com os pensamentos circulares e repetitivos que surgiam em sua mente: "Não consigo mais fazer isso, nem por um minuto, imagine durante uma semana... vou ficar louca." Mas ela se ancorou e riu da situação – observando como o pensamento "Vou ficar louca" chamou sua atenção e foi exagerado. Percebeu a tensão na mandíbula e nos ombros causada pelos pensamentos e decidiu tomar uma atitude diferente. Começou utilizando os pés por alguns minutos como âncora (que havia escolhido na Semana 1) antes de retornar à expiração. Era o que dava certo quando a mente divagava. A partir de então, ela registraria o tom de sentimento do momento, e nas cinco respirações seguintes veria se isso mudara e como. Acontece que ela ficou curiosa com a breve pausa entre o final da expiração e o início da inspiração. E conseguiu apreciar esse momento de aparente "silêncio" com ecos muito sutis de pensamentos ou sentimentos agradáveis, desagradáveis ou neutros, permitindo que os mantivesse em um espaço maior e mais silencioso.

Nesse silêncio, a percepção do "eu" que exige que as coisas sejam de determinada forma pode relaxar e ser deixada de lado. Você começa a notar os pensamentos e as sensações de que não gosta, que costumam estar escondidos, mas que tenta afastar e nem se dá conta. Quando isso acontecer, examine seu corpo. Você consegue sentir o corpo se preparando para a ação? Pode ser a sensação de pressão, empurrando algo para longe, ou de leve tensão, contração ou defesa generalizada. Ou você pode perceber um pensamento ou uma ideia que se impõe – como "Quero que as pessoas gostem de mim", "Quero ser bem-sucedido", "Quero encontrar alguém que me ame". Nesses momentos, preste atenção no corpo, tente senti-lo "reunindo as tropas" para partir e obter algo que você quer ou precisa. Parece um aperto no estômago? Ou talvez uma tensão nos ombros ou um nó na garganta? Sua audição pode se tornar mais aguçada, sua pele tende a se mostrar mais sensível. Você pode descobrir que o corpo, em vez da mente, revela com mais clareza aqueles pensamentos que causam ansiedade ou desejo – e muitas outras coisas além disso.

Prática Diária da Atenção Plena: observe o tom de sentimento no dia a dia

Nesta semana, durante suas atividades diárias normais, observe os momentos em que você toma consciência do tom de sentimento daquilo que está acontecendo.

1. Você pode fazer isso durante os "espaços intermediários", ao caminhar para algum lugar, ou quando está sentado ou em pé aguardando alguém. Preste atenção na sensação do contato dos pés com o chão. Sinta o ar no rosto, nos braços e nas pernas ao caminhar ou ficar em pé.
2. Qualquer que seja a sensação, abra espaço para os tons de sentimento, agradáveis ou desagradáveis. Observe grupos de sentimentos, sensações, pensamentos e planos de ação. Como mudam de momento para momento? Seja gentil com você mesmo ao se ancorar no instante presente e continuar as atividades de seu dia.
3. Você observa qualquer reação ao que está acontecendo? Um desejo de conservar ou aprofundar um momento agradável ou de atenuá-lo? Se algo é desagradável, você se vê refletindo sobre ele ou tentando se livrar dele? Se um momento é mais neutro, você se desliga porque parece que "nada está acontecendo"?
4. Esses tons de sentimento são naturais, portanto observe-os com gentileza, dizendo internamente na expiração: "Tudo bem não gostar disso" ou "Tudo bem gostar disso".

> Explore o que acontece se você acrescenta "nenhuma ação é necessária agora" a uma expiração antes de passar para o próximo momento do dia.
> 5. Com a prática, você pode ver esse processo com mais clareza e expandir o espaço entre o tom de sentimento momentâneo e sua reação a ele. Talvez você observe que a pulsão de reatividade diminui ao simplesmente dizer "Tudo bem não gostar disso" ou "Tudo bem gostar disso", seguido de "Nenhuma ação é necessária agora".

Levar a prática do tom de sentimento para o cotidiano pode ser bastante importante. Afinal, esses são os momentos em que você, de fato, deve prestar atenção.

Mo contou sobre a primeira vez que usou a prática "na vida real", e não na tranquilidade da meditação. Ele ia fazer um discurso importante no trabalho. Era uma reunião que duraria um dia inteiro, e ele estava escalado para falar antes do almoço, mas os palestrantes anteriores estavam se atrasando cada vez mais, a sala estava muito quente, e ele percebeu que teria que falar menos ou enfrentar o temido horário depois do almoço, quando todos estariam quase dormindo.

Conforme a manhã passava, notou que estava entrando em sintonia de maneira muito natural com os tons de sentimento. "Eu estava ansioso", contou. "Por isso, presumi que só haveria momentos desagradáveis, mas não, havia momentos agradáveis também. Eu gostava de estar com os meus colegas, e essas reuniões costumavam ser proveitosas. Então, me senti valorizado e curioso sobre o que eu poderia aprender durante a reunião."

Quando um momento desagradável surgia, ele se pegava dizendo: "Tudo bem ficar desse jeito" e depois "Nenhuma ação é necessária agora". De modo geral, ele se sentiu menos ansioso e mais atento aos outros palestrantes. O que foi uma vantagem, já que decidiram encaixar sua palestra antes do almoço, mesmo estando atrasados.

"Você quase podia sentir a decepção de todos ao perceber que iam chegar atrasados ao almoço e que talvez tivessem que voltar mais cedo. Tomei a iniciativa e pedi que ficassem em pé e se alongassem por um minuto antes que eu começasse a falar. Todos ficaram mais animados, e consegui um tempo para pensar. Concluí que poderia cortar muitas coisas do que eu ia dizer, porque os outros já haviam mencionado, e foquei nos pontos principais. Fiquei bem nervoso em muitos momentos porque estava 'improvisando' e com medo de que não prestassem atenção em mim. Lidei com isso fazendo pausas durante a apresentação, o que dava um impacto dramático aos assuntos abordados. Felizmente, o público não tinha ideia do que eu estava fazendo, que era usar esses momentos para levar minha atenção aos pés (os pés não ficam nervosos, disse meu professor de meditação) e focar na sensação do contato deles com o chão. Me senti forte, sólido e ancorado. Depois, entrei em sintonia, por um breve momento, com os tons de sentimento do corpo e disse para a minha mente *Tudo bem. Não é preciso nenhuma ação agora.*"

A prática funcionou e produziu uma vantagem para a equipe. Todos acabaram indo almoçar a tempo, e elogiaram Mo pela gentileza em ter resumido a palestra. Além disso, prestaram atenção no que era dito porque o discurso foi direto e focado. Refletindo depois, Mo disse que a prática o ajudou a ficar presente e ver através do ruído de suas compulsões como reagir. "Isso me fez tomar uma decisão mais sábia", disse.

CAPÍTULO 10

Semana 6: Voar com mau tempo

O jovem colocou seis barras de chocolate em sua jaqueta de couro com forro felpudo. Ele subiu no cockpit do biplano Pitcairn, ajeitou os óculos de voo e deu sinal para ligarem os motores. Minutos depois, estava sacudindo na pista relvada em Nova Jersey, antes de seu pequeno avião decolar, bem devagar, em direção às nuvens ensolaradas e à Califórnia.

O ano era 1930 e o piloto, que tinha 16 anos, era Robert Buck. Foi o primeiro dos 14 recordes de voo do jovem rapaz. Com 20 e poucos anos, Bob Buck começou a voar com aviões maiores – DC-2s e DC-3s – enfrentando neve, fogo, neblina, turbulência e tempestades, e adquirindo as habilidades que o tornariam o maior especialista em pilotar nesses climas. Só os títulos dos capítulos de sua "bíblia" para pilotos *Weather Flying*[1] já criam uma sensação de exploração e aventura: "Verificar o Clima e o Quadro Geral", "Como Voar na Turbulência" e "Você é o Piloto". Alguns títulos parecem alertas sutis – "É mais longe do que você pensa" e "O clima usa combustível". Outros soam reconfortantes: "O tempo está quase sempre bom", "Como você se sente?" e "Mantenha a calma". Com o livro em sua quinta edição, seu filho (também piloto) assume a história:

> "Se você voou o bastante com o cara que escreveu *Weather Flying*, logo aprendeu que a relação entre clima e voo é muito importante. O entusiasmo que ele sentia pelo enigma do clima era contagiante, e logo qualquer um aprendia que prestar atenção no clima

deixava o voo mais tranquilo e mantinha o piloto e o avião a salvo para voar outro dia."[2]

Robert adorava climas difíceis, não os encarando como adversários a ser conquistados. Ele sempre voava junto com eles, nunca contra, tirando proveito de seu poder. Usava as correntes ascendentes para ganhar altura e economizar combustível, guiava-se pelos sistemas climáticos para acelerar sua jornada e lidava com turbulências e tempestades aceitando sua presença e trabalhando com elas, ou contornando-as para não enfrentá-las diretamente. Cada dificuldade, cada tempestade, assim como cada período de calmaria, era visto como uma oportunidade de aprender e aprimorar habilidades essenciais.

Décadas mais tarde, a filha de Robert, Ferris, colocou esses princípios em prática em suas aulas de meditação. Durante uma de nossas primeiras visitas ao Centro Médico da Universidade de Massachusetts, um de nós (Mark) assistiu a uma aula ministrada por Ferris.[3] A turma estava na metade de um curso de oito semanas de Redução do Estresse Baseada na Atenção Plena e alguns alunos desejavam falar sobre o estado de espírito predominante, os pensamentos negativos e os desafios. Quem estava imerso na tradição da terapia sabia o que fazer ao ouvir aquelas histórias. Trabalharíamos com elas para encontrar uma maneira de aos poucos desafiar os pensamentos negativos com tarefas comportamentais. Mas não era isso que Ferris fazia. Ela tinha uma abordagem bem diferente – encorajava os participantes a *permitir* que pensamentos e sentimentos difíceis aflorassem, proporcionando a eles um reconhecimento gentil e adotando uma postura mais acolhedora, em vez de focar na teoria de que "é preciso resolvê-los". Observamos que a abordagem de Ferris e seus colegas em nada se parecia com o estereótipo popular da meditação – como uma maneira de limpar a mente, excluir pensamentos e sentimentos indesejados. Em vez disso, ela encorajava os alunos a conhecer e aprender com suas experiências diretas e ensinava que lutar contra pensamentos e sentimentos indesejados e a dor no corpo acabava criando mais tensão e confusão interior.

Aprendemos nas aulas de Ferris – e de seus colegas – que a atenção plena ensina como cultivar um relacionamento diferente com sentimentos, pensamentos, impulsos e sensações corporais. Pensamentos são meros eventos mentais – não são "você", nem alguma realidade concreta. Essa percepção reconecta você à sua sabedoria e bondade inerentes, além de ajudar a perceber que os humores turbulentos são algo totalmente normal, um padrão climático a ser navegado. A abordagem de Ferris se tornou um aspecto central do tratamento que desenvolvíamos, mais tarde conhecido como Terapia Cognitiva baseada na Atenção Plena. Com o aumento exponencial em todo o mundo da demanda por essa terapia após pesquisas mostrarem que era um dos tratamentos mais poderosos já desenvolvidos para evitar a depressão, precisávamos treinar novos professores. Então, Ferris passou a ensinar ao lado de Zindel Segal e Mark Williams, influenciando para sempre o desenvolvimento da terapia. Ferris faleceu em 2019, e este livro é um tributo a ela, nossa professora, colega e amiga. Ao realizar as práticas deste programa, você sente a influência dela nos tons de sentimento. Diante disso, está apenas a alguns passos do *Weather Flying* que o pai dela criou.

Nesta semana, chegou a hora de aprender a fazer o seu próprio voo meteorológico e, assim, lidar melhor com emoções turbulentas. No início, pode parecer assustador, mas você já tem todas as habilidades necessárias para tal. Na Semana 1, você praticou como estabilizar a mente e usar diferentes tipos de âncora para a atenção. Na Semana 2, praticou como manter a atenção fazendo uma pausa deliberada quando a mente divaga. Na Semana 3, aprendeu a observar todos os tons de sentimento que aparecessem na mente e no corpo. Na Semana 4, permitiu que os tons de sentimento sejam como são, respondendo à tendência de exagerar na reação, ao dizer gentilmente para si mesmo: "Tudo bem gostar disso" ou "Tudo bem não gostar disso". Na semana passada, levou esse processo um pouco mais adiante ao focar na inconstância natural dos tons de sentimento e aprendeu a reagir às suas exigências insensatas dizendo interiormente: "Nenhuma ação é necessária agora." Nesta semana, você juntará todas essas habilidades e aprenderá a acolher os momentos em que as emoções ameaçam dominá-lo e a vê-las como oportunidades para praticar seu voo meteorológico.

Antes de embarcar nas práticas desta semana, é interessante saber como lidar com algo que pode minar todos os seus esforços, aumentar a turbulência e fazer com que uma tempestade emocional dure ainda mais. O nome disso é crueldade. Se você ouve sua mente quando ela está negativa, existe uma tendência subjacente à autocrítica. Pensamentos desagradáveis podem aparecer – como "eu não deveria me sentir assim", "eu deveria ser mais forte", "achei que havia superado", "se controle". Esses pensamentos, e outros parecidos, são uma tentativa de melhorar seu estado de espírito, mas poucos de nós percebemos como são cruéis. Imagine dizer esse tipo de coisa para seu melhor amigo que já está triste, vulnerável, deprimido ou sofrendo. Você não imaginaria fazer algo assim, pois sabe como essas palavras machucam, para além de ser contraproducentes. Tamanha crueldade faria seu amigo se sentir pior, minaria sua autoconfiança e o deixaria ainda mais fragilizado. Então por que persistir em dizer essas coisas para si mesmo? Provavelmente porque você acha que vai ajudar. Ninguém se ataca dessa forma apenas para infligir dor. Ao contrário, você quer se livrar dos sentimentos desagradáveis, e supõe que ser cruel é uma forma de "amor rude" que "simplesmente funciona" porque essas tempestades emocionais às vezes parecem diminuir a curto prazo. Mas elas não são abrandadas, e você fica espantado com sua submissão, como quem leva um soco no queixo em uma luta de boxe. E pode pensar que enfrentou com sucesso esse sentimento, mas na realidade ele o aturdiu e enfraqueceu, preparando o terreno para o próximo ciclo de pensamentos negativos.

Há uma alternativa, porém. Você pode aumentar a força interior cultivando bondade em relação a uma mente e um coração angustiado. E é o que fará esta semana. Você começará praticando a Meditação da gentileza e, com seus benefícios, enfrentará suas emoções difíceis usando a meditação "Explorar a dificuldade" e a Prática Diária da Atenção Plena.

Práticas para a Semana 6

- **Meditação da gentileza** – deve ser realizada nos dias 1, 3 e 5 desta semana (meditação 6.1). Uma vez familiarizado com as instruções, use a versão com instruções mínimas (meditação 6.2).
- **Meditação "Explorar a dificuldade"** – deve ser realizada nos dias 2, 4 e 6 desta semana por 10 minutos duas vezes ao dia (meditação 6.3) ou 20 minutos uma vez ao dia (meditação 6.4). Uma vez familiarizado com a meditação, você pode usar a versão com instruções mínimas (6.5) ou o som dos sininhos.
- **Meditação da gentileza ou meditação "Explorar a dificuldade"** (6.2 ou 6.5) – ou qualquer outra meditação de alguma semana anterior, ao menos um dia desta semana, por 30 minutos.
- **Prática Diária da Atenção Plena: voltar-se para a dificuldade** – deve ser realizada ao menos seis dias nesta semana ou sempre que você perceber tons de sentimento desagradáveis (ver quadro na página 177 para uma orientação detalhada). Você pode ouvir a meditação 6.6 para ajudá-lo nos primeiros dias desta prática.

Todas as meditações desta semana podem ser encontradas em www.sextante.com.br/atencaoplenaprofunda.

As meditações também podem ser encontradas no site do autor em franticworld.com/deeper-mindfulness (em inglês).

Meditação da gentileza

Você vai aprender a desejar o bem a si mesmo – tratando-se com gentileza em meio ao que estiver acontecendo em sua vida.

Preparação
1. Comece ancorando-se por alguns minutos, observando as sensações da respiração no nariz, no peito ou no abdômen.
2. Detenha-se na percepção do corpo inteiro por mais alguns minutos enquanto estiver sentado.

Lembre-se de atos de bondade dos outros
3. Tente trazer à mente alguém por quem você sente amor ou amizade, do presente ou do passado. Pode ser um bom amigo, seu pai ou sua mãe ou sua avó, seu filho ou sua neta – alguém próximo com quem tenha um relacionamento descomplicado, alguém fácil de amar. Se nenhuma pessoa vier à mente, você poderá lembrar um ato de gentileza, uma época em que alguém demonstrou amor ou carinho por você e fez diferença. Ou talvez um animal de estimação – um ser amigo que aquece seu coração.
4. Veja-os em sua imaginação e permita que permaneçam nessa lembrança afetiva por alguns momentos...

   ... abrindo espaço para que a sensação de gentileza e amizade inunde você de carinho.

Trazer a gentileza para si
5. Veja se é possível provocar a mesma sensação de gentileza e amizade em relação a si mesmo – silenciosamente dizendo:

   Que eu possa estar seguro e bem;
   Que eu possa viver em paz;
   Que eu possa viver com sossego e gentileza.

6. Proporcione a si mesmo, dessa forma, uma sensação de gentileza e amizade semelhante à que um amigo querido ou membro da família teria por você. Se for difícil, tente usar seu próprio nome em vez de "eu", porque essa substituição dá uma sensação diferente à prática. Talvez você queira colocar a mão (ou as mãos) sobre a região do coração ao dizer essas frases.

Gentileza em meio ao que acontece

7. Queira o seu próprio bem, embora seja difícil às vezes, por causa do que está ocorrendo em seu cotidiano. Tente reconhecer essa dificuldade, acrescentando palavras que ajudem nessa tarefa:[4]

Que eu possa estar seguro e bem em meio a isso;
Que eu possa viver em paz em meio a isso;
Que eu possa viver com sossego e gentileza em meio a isso.

8. Perceba que a prática regular pode abrir a mente e o coração para uma nova possibilidade: as coisas negativas que você diz ou pensa sobre si mesmo não são a última palavra. Você pode ser amado mais do que imagina ou sabe.

Fim

9. Abandone essas intenções e retorne ao corpo como um todo, sentado aqui e agora, repousando na própria consciência. Permita que o corpo seja como é e permita-se ser como é, completo e íntegro.

Uma das coisas mais gentis que você pode fazer pelos outros é ser gentil consigo mesmo em primeiro lugar. Essa ideia enfrenta resistência porque é algo arraigado na cultura ocidental – que vem se espalhando por toda parte. Autocompaixão e autocompreensão costumam ser vistas como fraqueza, autoindulgência, egoísmo. Já forçar os limites e ser inflexível consigo mesmo sem demonstrar piedade são vistos como maneiras de alcançar a grandeza. Leila sofreu desse mal por muitos anos.

"Não há tempo para descanso em um mundo que está morrendo, era meu lema", disse Leila. "Trabalho para um grupo ambiental barulhento e arrojado. Estamos sempre em conflitos com grandes empresas e muitos governos em todo o mundo. Ia para o trabalho cheia de disposição para lutar. Sabia que o que fazíamos era moralmente certo, o que sempre me transmitiu muita energia e determinação para seguir em frente. E isso funcionou por muitos anos, até que um dia parou de funcionar. Certa manhã, me senti totalmente exausta e destruída por dentro. Mal conseguia sair da cama. O estresse me obrigou a ficar ausente do trabalho por um mês durante uma campanha importante, e me odiei por isso. Passei o ano seguinte tentando voltar para o ritmo da empresa. Mas continuei correndo em círculos. Toda vez que dava um passo para a frente dava dois para trás. Era exaustivo."

Leila descobriu que uma pequena parte dela pedia ajuda. "Foi trágico perceber esse pedido. Algo bonito e delicado estava morrendo, e eu era a responsável por ele. Como se eu fosse um parceiro abusivo. Estava fazendo essa criança sofrer. Enganando e fazendo bullying com ela. Acho que tomava esse tipo de atitude com a melhor das intenções, para conseguir o melhor de mim, para proteger o meio ambiente, mas à custa de um relacionamento abusivo comigo mesma. Percebi que precisava mudar antes de me destruir – ou de me tornar como as pessoas e as organizações contra as quais lutava. Eu sei, é difícil, mas qual seria a alternativa? Logo percebi que seria bem mais fácil mudar do que levar uma vida dilacerada pela raiva e pelo estresse que substituíra a intimidade verdadeira pela indiferença mortal."

Embora não fosse fácil mudar a abordagem, não era tão difícil assim. "Eu era tão inflexível comigo mesma que demonstrar uma pequena dose de gentileza e compaixão teve um resultado muito rápido. Quase de um dia para o outro, comecei a relaxar – flutuar em um mar de gentilezas. Foi estranho. Toda negatividade foi drenada da minha mente, e senti uma espécie de silêncio que cura. Como se a voz negativa e crítica tivesse saído de férias. Senti uma tranquilidade que permitiu me conectar comigo mesma em um nível essencial."

Nem sempre foi tranquilo. À medida que a resiliência e a força de

Leila voltavam, velhos hábitos e abordagens retornavam na mesma proporção. Mas em vez de lutar contra eles, Leila os acolheu. Ela passou a encará-los do modo como eram: uma parte de si mesma tentando se ajudar e se proteger da única forma que sabia. "Toda vez que eles retornavam, eu agradecia pelo esforço e depois notava que se dissolviam e me deixavam em paz por algum tempo. Comecei a não dar mais tanta importância a eles. E por mais louco que pareça, garanti que, se precisasse de ajuda, eu pediria."

Leila enfrentou outras dificuldades: achou as palavras usadas na Meditação da gentileza um pouco estranhas. Algumas a irritavam, porque ela não tinha o costume de levar amor e gentileza a si mesma. Se você também achar a prática guiada um tanto esquisita (ou sem o tipo de linguagem que costuma usar), sinta-se à vontade para adaptar as palavras a fim de que se pareçam mais com você. É interessante ver a prática como um exercício de ginástica (ver página 76). Ao adaptar as palavras, você pode levar algumas para o seu dia a dia. Leila se identificou com as palavras "tranquilidade e gentileza".

"Havia um sentimento marcante de cordialidade e de 'deixar ir' no meu coração e na região do peito. Depois da prática, me senti calma, animada, abraçada. Mais tarde, naquele dia, percebi que quanto mais me amava, mais fácil era deixar de lado a angústia reprimida que costumo carregar sobre os ombros. E advinha? Senti-me mais verdadeira e amigável com as outras pessoas."

Leila descobriu algo já observado por outras pessoas: a gentileza ajuda a deixar de lado a ansiedade e o estresse reprimidos que sobrecarregam você – a mesma ansiedade e o mesmo estresse que o deixam na defensiva. Ou seja, praticar a gentileza, além de ser algo bom para você, beneficia todos ao seu redor. Cada vez mais, as pesquisas comprovam esse efeito. Pessoas que completaram o programa de atenção plena cedem mais rápido seus assentos a pessoas que usam muletas.[5] Descobriu-se que atributos positivos como bondade e cordialidade são qualidades "360 graus".[6] Então incorporá-los e trazê-los para a pessoa que temos mais dificuldade de amar – nós mesmos – vai nos tornar mais altruístas. O que pode virar uma forma permanente de amizade, generosidade e gentileza.

Mas nem todos conseguem um alívio tão imediato dos problemas com a Meditação da gentileza. Para alguns, os padrões climáticos da mente são muito turbulentos e levam um tempo para se acalmar. "De início", disse Lou, "achei que essa meditação não me ajudava. Estavam acontecendo muitas coisas e distrações na minha vida para que eu pudesse notar algum benefício. E como fui muito magoada no passado, sentia que nada poderia mudar de fato, não importava o que eu fizesse. Mas, depois de alguns dias, algo mudou. Tive um vislumbre... uma sensação de que eu poderia escolher. É estranho, mas o único jeito de expressar é dizendo que permiti à criança dentro de mim se sentir infeliz e assustada. Garanti a ela que está tudo bem em não gostar disso. O que me deu mais espaço – mais opções. Depois voltei a acompanhar o tom de sentimento a cada expiração. Comecei a valorizar de verdade aquele momento de quietude no final da expiração, antes da próxima inspiração, e me dei conta de que nenhuma ação é necessária agora. Ufa! Após todas essas semanas de prática, a expiração é um ponto de partida para novas oportunidades a cada momento. Percebi que não costumava praticar gentileza comigo mesma. Ao contrário, era muito crítica com os outros, mas reservava o pior para mim."

A crítica implacável aos outros e a autocrítica também são atitudes 360 graus. E de maneira imperceptível, levam a um sentimento de retração que, por sua vez, reduz a criatividade e traz a sensação de estagnação. Isso desencadeia mais reações habituais que diminuem mais as opções, levando a sentimentos profundos de retração e uma sensação maior de frustração. Um círculo vicioso que deixa você ainda mais para baixo.

"Eu sabia de tudo isso", disse Lou, "mas de alguma forma não conseguia me convencer. Continuava me rebelando contra a ideia de que era errado criticar. Como o mundo moderno seria possível sem críticas? Críticas a ideias distorcidas, abordagens, projetos e coisas em geral... Sem elas, como tudo iria melhorar?"

As preocupações de Lou, embora compreensíveis, não estavam corretas em relação a como as mudanças ocorrem e à atenção plena. Em primeiro lugar, não está errado criticar. Mas críticas implacáveis são inúteis e contraproducentes – em especial as autocríticas. É melhor se afastar e observar para obter uma perspectiva mais ampla do todo. Dessa forma, a crítica se transforma em um discernimento sábio, assumindo um papel correto em seu cotidiano – um indicador de mudança, e não algo para se castigar. Ao se afastar e observar, é mais provável encontrar soluções do que problemas. Às vezes, focar demais em uma dificuldade preenche todo o campo visual, ocultando a solução.

Assim como Leila, Karl ajustou a Meditação da gentileza para se identificar mais com ela e teve dificuldade em se lembrar de ações gentis de outras pessoas. Como o temperamento delas era complexo e sua própria relação era um pouco turbulenta, Karl descobriu mais utilidade em trazer à mente um ato específico de gentileza do que alguém em especial. Portanto, decidiu se concentrar em um momento quando ele tinha 8 anos. Lembrou-se de um professor de uma nova escola que, percebendo que ele estava sozinho e perdido no recreio, o guiou até a sala de aula. Foi apenas um pequeno ato de gentileza, mas fez uma grande diferença naquele momento de angústia, e ele nunca se esqueceu desse tipo de ajuda.

Às vezes, pequenas mudanças na meditação podem proporcionar resultados surpreendentes. Avril descobriu isso, mas de uma maneira diferente. No início achava difícil querer bem a si mesma. Era como se não quisesse ser o centro de seus pensamentos. Mas a professora de meditação sugeriu que ela pronunciasse seu próprio nome. Embora achasse estranho dizer "Que Avril possa estar segura e bem em meio a tudo isso", sentiu que a meditação se tornou mais fluida. Segundo ela, separar a Avril do "eu" facilitou desejar o bem àquela pessoa. E as palavras "em meio a tudo isso..." a fizeram perceber que, embora existam momentos ruins, é possível encontrar gentileza mesmo nos mais cinzentos.

GENTILEZA, FELICIDADE

No decorrer desta semana, você pode perceber que a felicidade costuma surgir sozinha. Não é preciso que você faça nada. Talvez você tenha passado meses – anos – perseguindo-a sem descanso, muitas vezes em vão. Tal busca tende a criar uma experiência superficial. Um gosto de felicidade que logo desaparece. Você poderia chamá-la de prazer, e não de felicidade verdadeira. Isso faz disparar o medo de que ela logo desapareça, um anseio de que permaneça ativa, deixando você com o desejo de uma felicidade mais profunda, autêntica e duradoura. A gentileza cultiva algo diferente, que você poderia chamar de alegria. Essa alegria costuma surgir das pequenas coisas: da gentileza com você mesmo e com os outros, de uma vida bem vivida.

Avril compreendeu essa dinâmica – sua busca incessante afastava ainda mais a felicidade: "Em vez de tentar ser feliz, decidi ser gentil comigo mesma e com os outros. O que fez uma grande diferença. Fiquei mais calma. Foi uma compreensão muito profunda, como um lampejo. Eu estava no ônibus indo para a cidade e percebi que vinha me esgotando ao tentar ser feliz o tempo todo. Eu gastava fortunas com roupas, maquiagem, baladas, férias chiques, e era vista com as 'pessoas certas' nos 'lugares certos'. Sempre imitava os influenciadores das redes sociais, mas esse tipo de atitude não me trazia contentamento. Não no meu íntimo. Era, sim, muito difícil manter as aparências! Não me leve a mal, durante algum tempo eu gostei – um curto tempo –, mas no fundo era tudo distração. A partir de então, percebi que era muito mais fácil trazer um pouco de gentileza para mim e para os outros. Fiquei motivada a encontrar o que poderia me fazer feliz. E, de repente, percebi que não precisava de tudo aquilo. Não precisava forçar nada. Podia ser eu mesma e ver o que aconteceria."

A descoberta de Avril é significativa. A felicidade pode ser um objetivo que parece urgente, e fazê-la acontecer consome muita energia. Exige uma ocupação incessante. Buscar a felicidade de modo implacável pode criar mais sofrimento para si mesmo. A mente tenta ajudar preparando e planejando ações, gerando conjecturas para você chegar mais próximo da meta. Mas nada disso ajuda. Quando você perceber a quantidade de sofrimento que está criando para si mesmo – ao se dar conta de que isso é um vício –, estará diante do momento perfeito para largar o hábito. De repente, você verá que há outro jeito, como tentar ser gentil consigo mesmo. Comece agora. Você não precisa comprar itens luxuosos ou guloseimas, nem tentar parecer outra pessoa; pode simplesmente trazer calor humano para si mesmo em determinados momentos na meditação e no decorrer do dia. Pare de se punir. Sinta-se à vontade na própria pele, aceitando a si mesmo com todos os seus defeitos e fracassos.

Conforme vai conhecendo os padrões climáticos de sua mente, passa a detectar que está mais frágil em determinados momentos do dia. Felicity percebeu que era mais vulnerável logo depois de acordar. Então resolveu fazer um experimento. Normalmente, ela tentava se estimular com pensamentos autocríticos, como: "Vamos lá, levante-se", "Não seja preguiçosa" e "O que todos vão pensar?" Mas desta vez decidiu trazer gentileza e compreensão para si mesma. Nas semanas anteriores, antes de começar o dia, ela prestou atenção em seus padrões mentais. E com isso aprendeu algo muito valioso. Ela acreditava, e dizia a si mesma, que tinha um ataque de pânico durante toda a manhã. Ao prestar mais atenção, descobriu que isso não acontecia durante toda a manhã, apenas em metade dela. E logo começou a observar as "nuances" dos padrões climáticos. Em silêncio, registrava em sua mente: "Esta parte do corpo é agradável; este fluxo de pensamento é desagradável; este ambiente é agradável." Ela passou a observar pequenas coisas, como o ar suave entrando pela janela. O canto dos pássaros. E chegou à conclusão de que suas manhãs não eram tão ruins quanto imaginava.

Certo dia, ela acordou com dor e rigidez nas costas e nos ombros. Achou que tinha sido por causa de algum pesadelo. Começar outra manhã se sentindo cansada e apática normalmente a deixaria muito chateada. Esse sentimento negativo viraria uma previsão: "Este vai ser um dia ruim..." Ela sabia o que viria a seguir. Mas dessa vez o rotulou como "desagradável" e "tudo bem não gostar disso".

"E essa negatividade desapareceu. Assim, do nada", disse Felicity. "Aos poucos, a prática foi me ajudando a fazer as pazes com a minha experiência. Talvez até para honrá-la. E então comecei o dia com mais autocompaixão. Eu costumava ser tão indelicada comigo pelas manhãs, me intimidando e sabotando, exigindo disposição. Mas descobri que uma atitude mais gentil, cuidadosa e bondosa comigo mesma contribuiu para amenizar essas exigências, dando tempo para que esses momentos – agradáveis e desagradáveis – passassem por conta própria."

EXPLORAR EMOÇÕES DIFÍCEIS

Uma vez que você começa a se tratar com um pouco de carinho, gentileza e compaixão, passa a dispor de "combustível" para navegar pelo mau tempo – aquelas emoções mais difíceis e perturbadoras. Esta é a principal intenção da meditação "Explorar a dificuldade", desta semana (ver página 174). Mas, antes, é importante lembrar de alguns elementos essenciais que abordamos na Semana 1.

Sempre que abordar uma dificuldade, tente se lembrar de que você tem uma escolha de como gostaria de proceder. Você só deve trabalhar com uma dificuldade se sentir que tem capacidade e energia naquele momento. Se estiver muito cansado ou a vida estiver muito sufocante, espere até se sentir mais capaz de abordá-la. De nada adianta se forçar demais para meditar em meio a um sofrimento mental e uma angústia física.

Você pode escolher até que ponto quer chegar perto da dificuldade para abordá-la. Será de grande ajuda decidir de antemão como voltará para uma "âncora segura" caso se sinta em apuros. Essa âncora pode ser a sensação em suas mãos ou seus pés, o contato com o assento ou o chão ou a sensação da respiração ao fluir para dentro e para fora do corpo. Ancorar-se dessa maneira ajudará você a se desconectar de quaisquer padrões de pensamentos nocivos que estejam estimulando as emoções negativas. Sendo assim, você aprenderá a explorar a gama completa de experiências, desde a relativa segurança das sensações físicas, em uma extremidade do espectro, até as tempestades emocionais criadas por pensamentos, lembranças, imagens e impulsos turbulentos, no outro extremo. Esta prática convida você a percorrer em seu ritmo esse espectro.

Dificuldades espontâneas

Às vezes, sentimentos difíceis surgem espontaneamente, e você pode praticar e aprender com eles. Se nenhum aparecer, a meditação convida você a trazer, de forma deliberada, uma dificuldade para a mente, de preferência algo recente para usar de exemplo. É melhor começar com pequenas dificuldades do cotidiano: talvez um desentendimento ou um mal-entendido, uma situação que o deixou irritado, um arrependimento de algo que aconteceu ou uma preocupação com algo que possa acontecer. Convém começar com coisas pequenas, porque a prática não consiste em resolver grandes problemas de uma única vez. Consiste em aprender a "voar no mau tempo" – aos poucos transformando a dificuldade em forma de ajuda para responder com habilidade, sem se perder em meio às reações sucessivas. E, como Robert Buck frisou, o clima nem sempre é bom com os pilotos.

Quando uma situação ou emoção difícil aparecer na mente, você tem algumas opções. Reconhecer sua presença, quase a distância, antes de voltar para a âncora (veja os detalhes no quadro a seguir). Ou pode praticar sentindo-a e mantendo-a em um contexto mais amplo. Como alternativa, observe em qual área do corpo a emoção surgiu. Pode ser em qualquer região e se manifestar de muitas maneiras, mas costuma se mostrar em áreas de tensão, como músculos trêmulos, desconforto e até mesmo dor. Direcione sua atenção para essa parte do corpo, sentindo-a de fato. Você pode tentar respirar ali – sentindo a massagem da respiração – não para se livrar do desconforto, mas para colocar algum espaço ao redor dele. Todas essas opções oferecem alternativas ao hábito natural de evitar emoções difíceis ou se culpar por elas. Em vez disso, você está aprendendo a permitir que as coisas sejam como são, por um momento mais longo do que costumava ser, e essa atitude faz as dificuldades desaparecerem progressivamente. Por fim, garantem a você um tempo e um espaço para tomar decisões mais sábias.

No decorrer da prática da semana, você aprenderá a se aceitar do jeito que é. Vai observar que seus sentimentos são parte da natureza; que você tem um corpo e uma mente que dão o seu melhor, da única maneira que sabem, para mantê-lo seguro.

Pode ser que no começo você ache essa prática difícil, mas ao longo do processo lembre-se de que a âncora escolhida sempre estará disponível. Se uma dificuldade se tornar angustiante, você deve se perguntar gentilmente: "O que mais está aqui, agora, neste momento?" E, se quiser, pode abrir os olhos por alguns instantes.

Agora está na hora de começar o voo meteorológico.

Meditação "Explorar a dificuldade"

Preparação

1. Sente-se confortavelmente em um banco, almofada ou cadeira, assumindo uma postura de dignidade, de presença. Deixe os olhos fechados ou abaixe o olhar.
2. Escolha suas âncoras para esta prática e, quando estiver pronto, expanda o foco de sua consciência para todo o corpo.

Caso emoções difíceis surjam

3. Note se a sua atenção está sendo desviada para emoções dolorosas. Se isso acontecer, você pode explorar uma abordagem diferente daquelas que praticou até agora. Em vez de desviar a mente, permita que o pensamento ou o sentimento permaneça por um momento e o reconheça antes de voltar à âncora, ou o mantenha na consciência – sinta esse pensamento e o espaço ao redor. Ou você pode ir mais longe, observando onde a emoção está se manifestando e levando sua atenção a essa parte do corpo, respirando "dentro dela" e cercando-a de gentileza.

Traga uma dificuldade à mente

4. Se nada estiver acontecendo e você quiser explorar essa nova maneira de abordar as dificuldades, traga à mente algum pequeno problema em sua vida atual ou do passado que cause emoções desagradáveis. Algo que não incomode tanto: uma pessoa, um lugar, um acontecimento. Não precisa ser algo grande, mas que seja desagradável. Algo não resolvido, talvez.

Lide com a dificuldade

5. Permita que a dificuldade surgida por si mesma ou evocada por você permaneça na mente, passando a atenção para o corpo e notando sensações físicas que a acompanham. Elas podem ser ób-

vias ou não. Mas tente discernir quais sensações estão surgindo quando uma emoção difícil está presente.

6. Veja onde estão essas sensações corporais. Elas têm forma? Onde você as sente com mais força? Mudam de um momento para outro? (Se nenhuma sensação corporal surgir com a dificuldade, escolha sensações que estejam presentes no corpo e pratique com elas.)

7. Imagine que possa "respirar para dentro" dessa região na inspiração e "para fora" na expiração; não para mudar as sensações, mas para explorá-las e lhes dar espaço; para senti-las com clareza, registrando o tom de sentimento, acolhendo-as na consciência enquanto observa sua intensidade mudar e fluir de um momento para o outro.

8. Observe como está reagindo ao que vem para você: mantendo essas reações (que podem trazer seus próprios pensamentos e sensações) em uma consciência espaçosa e compassiva e sondando o tom de sentimento das sensações da reação (agradável, desagradável ou neutro).

9. Registre o tom de sentimento, qualquer que seja, respiração a respiração, lembrando que não precisa gostar dessas sensações no corpo. Perceber que são desagradáveis é natural. Talvez seja útil repetir frases como "Tudo bem não gostar disso". Depois, quaisquer que sejam as sensações encontradas, tente se abrir para elas, do jeito que são.

10. Perceba se ajuda, numa expiração, dizer interiormente "nenhuma ação é necessária agora" ao manter as sensações, onde quer que estejam no corpo, vivenciando uma consciência gentil e espaçosa.

11. Permaneça com a consciência dessas sensações corporais pelo tempo que escolher. Continue respirando com elas, permitindo que sejam como são, vendo como se desenrolam e cercando as sensações com bondade e compaixão, envolvendo a si mesmo com esses sentimentos.

12. Se observar que as sensações enfraqueceram, escolha entre voltar aos seus pontos de âncora – pés, assento, mãos ou respiração – ou

continuar trazendo à mente uma situação difícil, que pode ser a mesma ou uma nova, e depois leve a atenção para dentro do conjunto de sensações que ela está criando no corpo.

Se as coisas se tornarem sufocantes
13. Pergunte "Qual é meu melhor apoio agora?" e "O que mais está aqui?" se as coisas se tornarem sufocantes ou você estiver remoendo sobre elas, e retorne à respiração, aos pés, ao assento ou às mãos, até se sentir pronto para retornar à prática ou avançar para os próximos momentos do dia. Saiba que você dispõe de opções. Seja gentil. Nada de certo ou errado.

Fim
14. Volte a focar em sua âncora: a respiração ou os pés, o assento ou as mãos. Parabenize-se por dedicar este momento a explorar os limites do que lhe é difícil. Você está achando meios de responder de maneira intencional, sem reagir automaticamente, reservando tempo para cultivar uma sensação de abertura, gentileza e compaixão mesmo em meio às dificuldades que surgem em seu cotidiano.

ESPERAR O INESPERADO

Para muitas pessoas, a prática "Explorar a dificuldade" pode parecer um pouco estranha. É uma grande surpresa encontrar uma dificuldade emocional integrada ao corpo. Quase ninguém espera algo tão definido e poderoso, muito menos que possa encontrar tamanha variedade de sensações diferentes.

"Quando trouxe à mente uma situação difícil, senti um peso no braço direito, como se fosse de concreto", contou Ana. "Então, percebi a tendência de tentar consertar o que não tinha conserto, e nessa ocasião as preocupações com o casamento da minha filha se 'fixaram' no braço.

Sei que pode parecer estranho, mas foi o que aconteceu. Com isso percebi que, se um problema de outra pessoa estava me causando reações físicas tão fortes, precisava reunir coragem e me livrar dele, confiando que ela teria capacidade de enfrentá-lo. Na meditação seguinte, a reação foi diferente. Senti um peso em volta do estômago, mas conforme o mantive gentilmente, ele se tornou leve como um papel. Como se eu estivesse sendo libertada de uma grande quantidade de preocupações. Tive reações parecidas quando levei essas ideias para a Prática Diária da Atenção Plena. Sempre que uma preocupação aparecia – ou qualquer sentimento problemático –, eu me concentrava nas sensações físicas, em qual parte do corpo estavam e como mudavam constantemente. Alternava entre explorar as sensações físicas e me ancorar, e depois voltava às sensações. Foi uma boa saída me ancorar antes de encarar a dificuldade e me ancorar de novo um pouco depois. Ancorar também me ajudou a confiar em mim mesma para lidar de verdade com a vida. Ser mais carinhosa comigo – dar uma pausa nas críticas ao dizer gentilmente "Tudo bem não gostar disso" – reforçou a minha confiança. Aos poucos aprendi a acreditar que era capaz."

Prática Diária da Atenção Plena: voltar-se para a dificuldade

Esta prática pede que você preste atenção nos momentos em que há tons de sentimento desagradáveis. Quando isso ocorrer, desvie a atenção para o corpo e observe onde ele está reagindo e como.

1. Dedique alguns instantes a somente prestar atenção e observe o que muda e o que permanece igual.
2. Note os tons de sentimento – podem ser mais variáveis do que você espera.
3. Veja se existem reações ao que está ocorrendo. Pode haver um desejo de se livrar da sensação desagradável. O que, por sua vez, pode causar outras sensações no corpo – tente explorá-las tam-

bém e veja como seus tons de sentimento mudam a cada momento. Às vezes, você só perceberá o tom de sentimento por causa de seu impacto posterior.

4. Lembre-se de dizer gentilmente ao inspirar "Tudo bem não gostar disso" e, na expiração seguinte, "Nenhuma ação é necessária agora", independentemente de como a dificuldade se apresente. Assim, você está trazendo gentileza para o coração e a mente – com tranquilidade e pouco a pouco fazendo as pazes com os aspectos vulneráveis de si mesmo que mais precisam de amor e compaixão.

5. Permita que sua atenção permaneça constante e aberta, se tiver vontade e potencial, para ver com clareza o que está acontecendo, mesmo que a turbulência emocional surja, permaneça um pouco e vá embora.

6. Tente recordar, com o máximo de gentileza no coração, que pode levar algum tempo para você aprender essa atenção constante, mas ela será benéfica ao final. Talvez seja melhor começar com algumas das situações mais fáceis.

Às vezes uma dificuldade assume a forma de algo no corpo. Toby disse que era parecida com uma pedra marrom deformada, pesada, irregular. "Eu de fato a sentia – totalmente. Estava no meu peitoral. Senti meu coração bater mais rápido, minha respiração ficou ofegante, tive pânico. E pensei: *Isso já está ficando demais!* Então me afastei, coloquei-a num canto da mente e disse para mim mesmo: 'Tudo bem me sentir assim.' Houve uma mistura de emoções: medo, tristeza, raiva e frustração. Dei espaço para aquilo. Vieram mais frustrações e medo. Percebi que as sensações do corpo estavam mudando a cada momento. De novo senti o coração bater mais forte, respirava rápido, às vezes arfava. Eu disse: 'Tudo bem não gostar disso', e a dificuldade se moveu, tornando-se uma dor na perna direita que queria atenção e, no momento seguinte, o ombro direito teve um pequeno espasmo. Tudo parecia um grande tom de sentimento desagradável. Continuei observando pacientemente para ver se mudava, o que mais poderia haver ali, se a tempestade de coisas desagradáveis passaria. E passou. Notei meus pés vivos, formigando, sem a sensação desagradável. Então me dei conta de que realmente fiz uma escolha. Poderia ter sido levado pela turbulência do desagradável ou poderia prestar atenção. Soltei o ar com 'nenhuma ação é necessária agora' e isso me trouxe alívio. Direcionar a atenção para os pés, o chão e a vivacidade do meu corpo ajudou muito."

Dessa maneira, Toby usou a prática para mudar intencionalmente ao longo do espectro das dificuldades: "No final, foi um alívio ter me aproximado de tudo aquilo, mesmo que por um momento."

O PERIGO DE ALIMENTAR PENSAMENTOS OBSESSIVOS

Sim descobriu que explorar suas dificuldades era um processo frustrante e, a princípio, com poucos benefícios aparentes. O medo e a ansiedade de "ser usado" e de "tirarem vantagem dele" costumavam vir à tona durante a meditação e retornar na hora de dormir. Ele lutava para lidar com esses sentimentos. Para piorar, as semanas anteriores de meditação haviam causado uma mudança notável em seu bem-estar, e por isso ele ficou desapontado e frustrado com a Semana 6. Ainda que estivesse disposto a se forçar a fazer a prática "Explorar a dificuldade", ele não conseguia – os pensamentos obsessivos eram muito intensos.

Se você se sentir assim, lembre-se de que pode voltar à prática outro dia. Não precisa mergulhar de cabeça. Mesmo que apenas "coloque o pé na água" nesta prática, já pode ser o suficiente para revelar uma visão alternativa do corpo e da mente – partes do mundo natural que você consegue observar com curiosidade e gentileza. Pode levar um tempo – não há pressa. E talvez você descubra que está aprendendo mais sobre si mesmo do que imagina e evite cair em velhos hábitos negativos de pensamento e comportamento.

Sim estava desanimado por não ter feito nenhum progresso aparente e isso piorou no meio da semana quando chegou tarde em casa por conta de uma reunião. Ele estava cansado e foi à cozinha beber algo. Encontrou uma pilha de pratos na pia, e ninguém havia esvaziado a máquina de lavar louça. Estavam todos em seus quartos. Ele teve a sensação familiar de ser usado e de tirarem vantagem dele. "Ninguém se importa, ninguém levanta um dedo para nada, ninguém me ajuda", resmungou para si mesmo. "Tudo sobra para mim. Estou completamente sozinho. Já estou até me acostumando..."

Seu humor começou a piorar. Mas, dessa vez, ele reconheceu a tempo que esse fluxo de pensamento desencadearia uma sucessão de negatividades, a menos que decidisse agir de maneira consciente. Então, em vez de permitir que os pensamentos o dominassem, gentilmente os reconheceu, dizendo para si mesmo: "Tudo bem não gostar disso – se sentir cansado e mal-humorado é desagradável. Tudo bem não gostar. Nenhuma ação é necessária agora."

Costuma ser bem difícil saber como reagir nessas situações, porque quando se trata das ações dos outros, existem muitas possibilidades, variáveis, planos, atitudes e abordagens por considerar. E quanto melhor você for em resolver problemas, mais possibilidades se abrem, o que deixa qualquer decisão mais complexa e cheia de nuances. No calor do momento, quando você tenta pensar qual a melhor coisa a fazer, acaba piorando a situação em vez de melhorar. E, claro, o subconsciente está se planejando para essas possibilidades e se preparando para agir, deixando você ainda mais angustiado e fazendo queimar muita energia de seu estoque corporal. Por isso você se revolta com a instrução "Nenhuma ação é necessária". Você pode se sentir cada vez mais tenso, quase como se estivesse sendo puxado para dois lados diferentes. Este é um lugar de tortura para estar. Você pode se sentir sendo dilacerado pela indecisão. Ou sendo levado a tomar a decisão errada.

Há uma saída, porém. Você pode gentilmente se lembrar da palavra *agora* em "Nenhuma ação é necessária *agora*". Essa frase pede que você avalie se é necessário fazer algo *agora*. E na maioria dos casos, não é preciso fazer nada – não agora, *neste exato momento*. Lembrar-se disso traz um alívio enorme e transforma a situação. Não se trata de reagir ou não, mas do tempo certo de reagir. Ao adotar essa abordagem, você vai perceber o corpo relaxando à medida que nota que também pode agir –

mas apenas quando for a hora certa. E a longo prazo você pode decidir que a melhor ação é não fazer nada.

Foi o que Sim fez. Ele se permitiu a sensação desagradável de estar ressentido. E ao fazer isso, sem se criticar, abriu um pequeno espaço no qual os sentimentos de decepção, mau humor e solidão pudessem ser amparados com leveza e compaixão. Em vez de se achar no direito de estar chateado e reagir afastando esses sentimentos furiosamente ou criticando a si mesmo (e os outros), ele permitiu que existissem, reconhecendo os tons de sentimento desagradáveis e deixando que fossem como são.

"E isso transformou tudo", disse ele.

Os pensamentos obsessivos persistiram por mais 30 minutos, mas a cada vez que surgiam, ele se lembrava de que "Tudo bem não gostar deles. Nenhuma ação é necessária agora". E quanto mais ele fazia isso, menos angústia sentia. Em vez de passar a noite ensaiando discussões com os colegas de casa, ele largou a louça e foi dormir. Quando acordou pela manhã estava tudo limpo. Ele descobriu que os colegas também estavam cansados, um deles havia recebido uma notícia triste, e por isso deixaram a louça para o outro dia.

Sim estava aprendendo aos poucos que a meditação se parece muito com um voo bem-sucedido sob condições climáticas adversas. Robert Buck enfatizou que as decisões sempre devem ser tomadas a cada viagem e reavaliadas durante cada voo: "Com a ideia de que primeiro engatinhamos para depois andar, podemos ensinar uns aos outros como enfrentar essa adversidade. É um processo progressivo. Devemos simplesmente permanecer humildes e saber quando parar ou não ir."

Para Robert Buck, um pouso seguro depois de uma tempestade nada mais era do que uma manobra bem-sucedida. A atenção plena nos ajuda a trazer esse espírito para as turbulências do cotidiano. Voar nas tempestades de nossos sentimentos exige a mesma habilidade, paciência e gentileza sem julgamentos. Aos poucos, a prática regular da atenção plena permitirá que você voe na tempestade e aterrisse em lugares seguros.

CAPÍTULO 11

Semana 7: Recupere a sua vida

Era a melhor hora do dia para Tabby, a gata da família. Estava no começo da noite e seus tutores haviam deixado seu jantar no canto da cozinha onde costumava comer. Ela se aproximou e começou a mastigar com prazer. Mas uma caixa grande de cereais caiu com tudo no chão fazendo um estrondo bem ao lado dela. Assustada, saiu correndo da cozinha e se escondeu debaixo do sofá da sala. Ficou lá por mais de uma hora, tremendo de medo, enquanto sua família tentava convencê-la a sair. Nas semanas seguintes, Tabby teve medo daquele canto da cozinha, e nada nem ninguém conseguia fazê-la comer ou beber no local. Até mesmo levá-la para a cozinha era uma luta.

Embora o comportamento de Tabby possa parecer um pouco neurótico, ela estava reagindo de maneira racional. Por bons motivos evolutivos, seu lugar favorito para comer tinha adquirido uma aura de perigo. Nenhum animal – inclusive nós humanos – está inclinado a voltar a um lugar associado com emoções desagradáveis como o medo. Pode demorar até a ameaça inicial diminuir, mas às vezes, com o passar do tempo, o receio se torna ainda mais forte. Não é necessário um grande choque para criar um medo arraigado. Mesmo pequenos traumas podem ser incorporados aos modelos mentais do mundo, afetando toda a perspectiva da vida e influenciando tudo que você pensa, sente e faz, de modo que o que começa como um distúrbio breve aos poucos se transforma em um problema maior, aumentando ao longo do tempo. Em humanos, isso pode levar a desafios reais de saúde mental.

No caso de Tabby, o choque inicial afetou a previsão da mente sobre onde era seguro ou perigoso comer, e nenhuma criatura, seja gato ou humano, está disposta a testar essas previsões. Desprezá-las ou confrontá-las só as deixa pior, porque essas abordagens apenas servem para desgastar ainda mais a autoconfiança e a resiliência. Se Tabby pudesse entender a linguagem, seus medos seriam agravados caso os tutores lhe dissessem: "Pare com isso, é só uma caixa de cereais. O que há de errado com você? Você não pode enfrentar a vida se assustando com qualquer besteira..."

Mas os tutores de Tabby foram espertos o bastante para não forçá-la a comer no lugar que tanto a assustava. Sentiram empatia por sua angústia e se esforçaram por reconstruir a confiança. Durante algumas semanas, eles foram posicionando a comida cada vez mais perto do lugar do susto, até que tudo voltou ao normal. E essa abordagem também funciona para nós.

Aproximar-se do que o assusta é o que você praticou na Semana 6. Essa abordagem ajuda com outros tipos de evitação, como emoções difíceis em geral e a lembrança das situações que as criaram.

Mas há outro tipo de fuga bastante comum que ocorre quando se está estressado, deprimido ou exausto: o afastamento total do mundo, que pode ser incapacitante e dificulta até mesmo levar uma vida normal. Esse tipo de afastamento da vida acontece quando a maioria das coisas de que você gostava deixa de ser prazerosa, e então você desiste delas e abandona as tarefas básicas de uma vida normal. A impressão é de que desligaram o botão da motivação. Como se a sua mente tivesse calculado a energia necessária para retomar a vida e decidisse que o custo do esforço é muito alto. Então, paradoxalmente, as coisas que costumavam dar prazer se tornam cada vez mais difíceis de serem contempladas, mesmo que sem elas a vida pareça ainda mais vazia, cinza e sem sentido. Ou seja, fica impossível fazer aquilo que revigora a vida e tira você da depressão.

Embora esse padrão seja mais reconhecível na depressão diagnosticada, suas marcas estão por todos os cantos. Na verdade, o mesmo "afastamento" do prazer acontece sempre que estamos focados e superocupados. É um recurso natural da mente humana e surge do mecanismo apurado para se concentrar em tarefas complexas – uma habilidade incrível, um diferencial em nosso mundo cada vez mais dinâmico. Isso acontece porque uma das formas de a mente se concentrar em um objetivo é diminuindo a atratividade dos outros.

Um bom exemplo é quando você está estudando para uma prova ou diante de algum prazo ou tarefa importante, e se vê obrigado a cortar todas as distrações. Quando absorto, você pode até pular as refeições porque sua concentração suprime a fome. Você deixa de sair com amigos, familiares e conhecidos, e fica menos interessado nos hobbies e nas pequenas diversões de que costumava gostar. Mas você não sente tanto porque está focado na tarefa, e isso acontece porque a mente está pondo de lado essas alternativas, tornando-as menos sedutoras. Quanto mais atraentes parecem, mais precisam ser abafadas. É como uma depressão seletiva. Tudo, menos a tarefa principal, fica suprimido, fazendo-a brilhar como um farol em meio ao mar. Uma estratégia bastante eficaz a curto prazo. O problema surge quando a tarefa termina. Mesmo quando o estresse vai embora e a energia retorna, pode ser difícil conseguir que o prazer volte à vida. Além de você se sentir exausto, o que foi suprimido já não é agradável. A supressão talvez tenha ido longe demais. Às vezes, só de pensar nas coisas de que costumava gostar, você se sente pior, como se de alguma forma fosse "indigno". Elas se tornam sinais de que a vida não tem nenhum propósito, deixou de ser divertida e consiste apenas em uma dificuldade após a outra.

Caso isso continue, pode levar a uma depressão clínica – e a outras questões de saúde mental. Esse tipo de problema pode se arraigar quando a mente tenta descobrir *por que* você se tornou tão infeliz, estressado, ansioso e exausto. Ela enfrenta o projeto exaustivo de compreender o "eu". A mente concentra todos os seus recursos tentando responder a perguntas como "Por que sou um fracasso?", "Por que não gosto de nada?", "Por que não tenho amigos *verdadeiros*?", ao mesmo tempo que você fica cada vez mais preocupado com elas. Essas perguntas dominam a atenção. Assim como acontece com outros projetos importantes, a tendência natural da mente entra em ação, inibindo e suprimindo tudo. De maneira absoluta, ela está concentrada em se resolver, enquanto sua capacidade de se divertir evapora. Então, depressão e outros problemas de saúde mental não são "erros". Você não fez nada de errado; não é fraco nem fracassado. Simplesmente é uma pessoa cuja mente está fazendo o melhor que pode, da única maneira que sabe.

Até mesmo o cotidiano pode provocar efeitos semelhantes. Às vezes, as atividades do dia a dia exigem muito jogo de cintura, e você suprime uma coisa enquanto lida com outra. Esse processo parece nunca terminar, com um ritmo implacável e uma constante falta de tempo. A procrastinação é muito comum – esperar pela "hora certa" ou "a disposição certa" para fazer uma tarefa, apenas para descobrir depois que a hora certa nunca aparece.[1] A maioria de nós faz isso o tempo todo. Pesquisas descobriram que, cada vez que procrastinamos, o ato de suprimir ou afastar a tarefa desloca a atividade adiada ainda mais para o lado desagradável do espectro do tom de sentimento.[2] A tarefa em si não muda, mas adquire aos poucos um "sabor" desagradável. Ou seja, quanto mais você adia, pior fica o sabor, porque você a afastou tantas vezes. Isso acontece não por culpa sua (nem da tarefa, que é sempre a mesma), mas porque na mente ela vai se tornando cada vez mais negativa e difícil de realizar.

Lidar com a procrastinação

Esperar a "hora certa" ou a "disposição certa" para fazer algo nunca é a melhor alternativa. Tal procrastinação acontece com frequência e pode ser debilitante.[3] Joseph Ferrari e colegas[4] descobriram que a procrastinação é ainda mais comum se você:

- superestima o tempo restante disponível para realizar uma tarefa ou subestima o tempo necessário para completá-la;
- superestima quão motivado estará no futuro;
- supõe erroneamente que precisa estar com disposição ou um estado mental certo para concluir um projeto;
- acredita que trabalha melhor sob pressão e deixa tudo para a última hora.

Existem dois grandes problemas nessas crenças. Primeiro, algumas tarefas não são agradáveis. Tarefas como tirar o lixo ou preencher a declaração do imposto de renda são obrigatórias, então se você aguardar até se tornarem agradáveis, vai ter que esperar sentado. Segundo, se você ignora uma atividade por um tempo, ela adquire uma "marca mental de inibição", ou seja, nunca chegará "o tempo certo" para realizá-la. De fato, quanto mais se protela uma tarefa, mais essa inibição se fortalece. O modelo preditivo da mente começa a dar sinal de que será bem mais desagradável do que realmente é. Algo que pode ser reforçado pela realidade objetiva (devolver livros à biblioteca cuja multa por atraso aumenta com o tempo é um bom exemplo), mas com frequência resulta de nossos próprios processos psicológicos.

Lembra-se do Capítulo 2, quando descrevemos a origem dos tons de sentimento? A necessidade de distinguir entre agradável e desagradável existe desde que criaturas unicelulares aprenderam a procurar as fontes de nutrição e segurança e fugir das toxinas e do perigo. Sensações de prazer e desprazer estão associadas a se aproximar ou se afastar dessas coisas. Mas o processo funciona também na direção contrária. O que é afastado adquire uma sensação desagradável. Tarefas rotineiras, desagradáveis ou banais podem entrar em conflito com esse processo. A razão é que as protelamos em favor de coisas mais agradáveis ou talvez de tarefas mais prioritárias. Esse afastamento as torna ainda mais repulsivas. Elas podem não ter mudado nada, mas adquiriram um "sabor" desagradável. E quanto mais as repelimos, pior o sabor – porque cada afastamento aumenta as sensações de desagrado e aversão.

Pior ainda se você se deixa facilmente distrair ou passa por dificuldades emocionais, como depressão. Isso não apenas faz com que você questione suas habilidades e estabeleça um padrão muito alto para alcançar o sucesso, mas também traz um grande desafio para enfrentar e resolver seus problemas. Isso, como vimos, faz a mente inibir todo o restante.

> Como já mencionado, a procrastinação é algo comum. Não se preocupe se às vezes acontecer com você, mas se começar a incomodar, lembre-se de que pode usar a prática desta semana para explorar o que o estimula e o que o derruba, e ajudar a equilibrar as atividades que gostaria de realizar no dia a dia. Você obterá as informações e os vislumbres necessários para escolher as atividades que sejam agradáveis e outras que, por menores que sejam, precisam ser realizadas.
>
> Com o tempo, você pode aprender a reconhecer os sinais de alerta iniciais da procrastinação e explorar como é enfrentar a tarefa que você ia adiar, observando o que ocorre em seu corpo durante esse processo. Talvez você descubra que tanto as tarefas inerentemente agradáveis como aquelas que são meras obrigações só ajudam você.

Quanto mais o processo de procrastinação se estende, mais e mais coisas adquirem um sabor desagradável. No final, tudo que sobra é o terrível sentimento da vida escapando por entre os dedos. Nessa situação – quando a vida perde a graça e você se sente perdido, sozinho ou sem rumo – tentar voltar para aquilo de que gostava no passado de repente pode não ajudar. Equivale a esperar que Tabby, a gata, coma no lugar que a deixou aterrorizada. Você precisa de uma maneira de redescobrir os pequenos prazeres da vida usando uma abordagem passo a passo, parecida com aquela que ajudou Tabby. O propósito desta semana é revigorar sua vida aos poucos por meio da redescoberta de coisas que elevam seu estado de espírito, e aos poucos se aproximar delas. Isso vai ajudá-lo a dar os primeiros passos na direção de seu cantinho favorito da vida, onde está o seu metafórico potinho de leite.

Práticas para a Semana 7

- **Meditação da reflexão** – deve ser realizada durante seis dias da semana (meditação 7.1). Uma vez familiarizado com a prática, use a versão com instruções mínimas (7.2).
- **Além da Meditação da reflexão, pratique qualquer outra meditação anterior deste curso** – durante seis dias da semana, por 20 minutos uma vez ao dia ou por 10 minutos duas vezes ao dia. Você pode repetir a mesma meditação todos os dias ou variar. Pode escolher uma meditação da Semana 1 no primeiro dia, uma da Semana 2 no segundo dia, e assim por diante. Sinta-se livre para usar a versão com instruções mínimas de cada uma. Em ao menos um dia desta semana, pratique por 30 minutos.
- **Duas Práticas Diárias da Atenção Plena: "Escolhas de ações" e "Falar e ouvir"** – a prática "Escolhas de ações" (pág. 193) é para quando você sente necessidade de fazer uma pausa em meio a um dia agitado. "Falar e ouvir" com atenção plena (meditação 7.3) prepara você para quando estiver com outras pessoas e quiser se relacionar melhor com elas.

Todas as meditações desta semana podem ser encontradas em www.sextante.com.br/atencaoplenaprofunda.

As meditações também podem ser encontradas no site do autor em franticworld.com/deeper-mindfulness (em inglês).

ELEVAR ESPÍRITOS CANSADOS

Antes de começar as principais práticas da meditação, temos um pequeno exercício, em dois passos, para você refletir sobre as coisas que elevam o espírito e aquelas que o enfraquecem. Que tal tentar fazer isso agora em vez deixar para mais tarde?

Primeiro passo: redescobrir os pequenos prazeres da vida
Na primeira coluna do quadro a seguir ou em seu diário, escreva uma lista de coisas que você gostava de fazer quando a vida parecia mais leve, menos corrida, ou antes de você ficar tão exausto e desanimado. Podem ser hobbies, passatempos ou interesses de tempos atrás – da sua infância, da adolescência ou dos 20 e poucos anos. Atividades grandes ou simples, como pular em poças de lama quando ia a festivais, comer em seu restaurante favorito, beber um bom vinho ou uma cerveja artesanal. A lista pode seguir qualquer ordem. Reserve um tempo, agora mesmo, para trazer essas atividades à mente e as anote. Como não é preciso mostrar a lista para ninguém, você pode ser aberto e sincero consigo mesmo. Se preencher toda a primeira coluna, continue em outra folha de papel. Na segunda coluna, avalie cada atividade da lista em uma escala de 1 a 10 de acordo com a satisfação que cada uma costumava proporcionar. Na terceira coluna, avalie cada atividade em uma escala de 0 a -10 de acordo com o *esforço* que você sentia para realizá-la (sendo -10 o mais difícil).

Eu costumava gostar de	Satisfação 1 a 10	Esforço 0 a -10

Eu costumava gostar de	Satisfação 1 a 10	Esforço 0 a -10

Muitas pessoas descobrem que atividades que costumavam achar agradáveis agora parecem mais difíceis. Elas se tornaram negativas na mesma proporção que pareciam positivas. Não há motivos para que algo na lista tenha se tornando tão difícil, mas assim aconteceu. Se for o seu caso, não há nada de errado com você. É exatamente o que se espera. A mente, tentando lidar com as circunstâncias da vida, reagiu de maneira dolorosa e desagradável, suprimindo as atividades que mais poderiam distraí-lo por serem agradáveis. Esse conhecimento é precioso porque você pode usá-lo para traçar um caminho de volta para uma vida mais feliz e gratificante. Comece fazendo uma nova lista, iniciando com as atividades mais fáceis – aquelas que você pode fazer agora ou ao menos consideraria fazer. No final da lista estarão as atividades muito difíceis de fazer, aquelas para as quais você não se sente motivado. Escreva essa lista agora, usando o quadro a seguir, e anote o primeiro passo que dará.

Volta às atividades de que eu costumava gostar	
Mais fáceis	Primeiro passo?

Volta às atividades de que eu costumava gostar	
Mais fáceis	Primeiro passo?

Uma vez concluída a segunda lista, você pode praticar algumas dessas atividades, começando com as mais fáceis. Não precisa fazer todas de uma vez, nem começar hoje (a menos que queira). Não estamos prescrevendo nada. Suas decisões devem ser pessoais e adaptadas a como você se sente. Para ajudar, você pode usar a prática de "Escolhas de ações". Ela convida a fazer pequenas pausas durante o dia para entrar em sintonia com o padrão climático do corpo e da mente, sendo bem útil nesses momentos de mudança de uma atividade para outra. Porque é nesse meio-tempo que você pode ser dominado pelo seu estado de espírito habitual ou se ver sequestrado pela procrastinação. A prática "Escolhas de ações" revela o que eleva o estado de espírito mas costuma passar despercebido na correria do dia a dia. Ela ajuda a escolher, a partir dos itens da lista, o que você deveria fazer, *quando* deveria fazer e por quanto tempo. O que contribui para reequilibrar a vida.

Prática Diária da Atenção Plena: "Escolhas de ações"

Nas próximas horas do dia, observe quantas vezes ocorre uma pausa natural ou se existe um momento em que você encerra uma atividade e inicia outra. Veja se consegue aproveitar esses momentos para fazer uma pausa com atenção plena. Pode ser uma respiração ou uma sequência de respirações. Seja uma pausa longa ou curta, aproveite a oportunidade para entrar em sintonia com o padrão climático no corpo e na mente. Pergunte a si mesmo "Era isto que eu pretendia fazer agora?" e depois faça uma escolha, antes de retomar as atividades do dia.

Embora simples, esta prática é mais importante do que você imagina. Os psicólogos Mukul Bhalla e Dennis Proffitt[5] pediram que voluntários estimassem a inclinação de uma colina. Foi solicitado que alguns deles carregassem mochilas pesadas, e outros não. E descobriu-se que carregar a mochila aumentava a percepção da inclinação. Algo parecido aconteceu com atletas que avaliaram a colina antes e depois de uma corrida exaustiva. Quando cansados, superestimavam a inclinação. Como era de esperar, o mesmo experimento com voluntários de diferentes idades resultou em que os participantes mais velhos acharam a colina mais inclinada.

Essa ligação próxima entre o estado psicológico e a percepção é significativa. Um estado de espírito negativo cria os estados corporais que afetam sua visão de mundo: as colinas parecem bem mais íngremes do que são, as estradas mais longas do que são, e se você já levou crianças pequenas no banco traseiro do carro, sabe que o tempo parece se arrastar para sempre. Por esses motivos, é tão importante se autoanalisar repetidas vezes no decorrer do dia.

A prática "Escolhas de ações" pode se tornar um "teste de realidade" pessoal importantíssimo a longo prazo. Com isso em mente, se você estiver se sentindo cansado, deprimido ou sem energia, a previsão de quão difícil ou agradável será uma atividade tende para a negatividade. Esse cenário muda de um dia para o outro, por isso é importante praticar o exercício mais de uma vez.

Segundo passo: a vida é um balão
Imagine um balão de ar quente subindo suavemente ao começar uma longa viagem.[6] Agora imagine que esse balão representa a euforia e a energia que você sente quando está feliz, saudável e no controle da vida, e a cesta do balão, o peso que sente quando está exausto, com vontade de se retirar do mundo. O movimento do balão no ar pode ser interpretado como a mudança da experiência a cada momento – a combinação das pequenas situações que fazem grandes diferenças ao longo do tempo.

Pense nos últimos dias e escolha um deles. Agora faça uma anotação mental sobre a sua rotina. Pode ser tomar um banho, tomar café da manhã, encontrar-se com um amigo para uma bebida, o percurso até o trabalho, conversas com colegas, comer um sanduíche na hora do almoço. Você decide quantos detalhes incluir. Se passa boa parte do dia aparentemente fazendo as mesmas coisas, tente fatiar sua rotina em elementos menores, como atualizar uma planilha, checar o e-mail, movimentar o estoque ou conversar com clientes. Ao trazer à mente cada um deles, sinta o impacto físico e emocional que causam. São agradáveis, desagradáveis ou neutros? Repita este exercício em uma noite e um fim de semana típicos. Quando terminar, observe a figura do balão (a seguir).

O experimento do balão: o que o eleva? O que o derruba?

Em cada quadro do balão, escreva uma experiência que crie um sentimento de euforia e de energia quando você a traz à mente. Sinta-se à vontade para criar mais quadros se estes forem insuficientes ou desenhe seu próprio balão em seu diário e trabalhe nele. Lembre-se de que não há respostas certas ou erradas, elas são individuais. Algumas pessoas acham agradável cozinhar ou passar um tempo com a família, enquanto outras não gostam. Gosto não se discute.

O que causa o estímulo nessas atividades? Se não for a atividade em si, o que é? Talvez seja a conexão com alguém, com animais de estimação ou lugares. Ou pode surgir do autocuidado, de atender às suas necessidades básicas ou concluir certas tarefas. Talvez venha de uma sensação de sucesso ou realização, de ser criativo ou expressivo, de algum sentimento de força, controle ou destreza depois de fazer o que ama ou de um simples movimento ou exercício. Reserve um tempo para pensar sobre essas atividades antes de ir para o próximo estágio.

Quando se sentir pronto, escreva em torno da cesta do balão as coisas que o derrubam e esgotam sua energia, fazendo você se sentir tenso ou angustiado. Inclua o que faz você se sentir menos vivo e presente, como se estivesse apenas existindo e não vivendo. Por alguns momentos, reflita sobre por que cada uma delas causa esses sentimentos. Se não for a atividade em si, o que é? É a conexão com pessoas, lugares, situações, cenários? Pode haver muitos outros fatores interligados, como falta de controle, escolha ou tempo. Esses fatores são opostos àqueles que elevaram o balão? Ou não há nenhuma conexão? Quando você se concentra neles, como se sente?

A intenção deste exercício não é fazer você tomar grandes decisões ou mudar radicalmente a vida, mas ter uma ideia do equilíbrio entre as coisas que elevam seu espírito e aquelas que o derrubam. O equilíbrio não precisa ser perfeito. Um passatempo edificante supera qualquer lista de passatempos negativos. Também é normal passar alguns dias com o estado de espírito meio para baixo, enquanto em outros está acima das nuvens. No geral, o que importa é manter a vida em equilíbrio, assim o seu balão mantém uma altitude estável e não corre o risco de um pouso forçado.

Há três maneiras de impedir que o balão colida com o chão: diminuir o peso da cesta, inflar o balão, ou tentar uma combinação das duas coisas.

Com tudo isso em mente, o que você acha que pode reduzir o peso da cesta? Você está trabalhando em excesso ou anda ocupado demais? O que mais pode diminuir o peso? Que tal uma mudança de atitude em relação às coisas que colocam você para baixo? Talvez você possa lhes dar mais espaço e tempo, ficando menos estressado, ou reavaliar seus significados e perceber que algumas nem valem a pena. Ao reavaliar suas prioridades, lembre-se de que é mais fácil controlar a cesta se o balão estiver bem inflado. Você já desistiu de coisas que normalmente "elevam" o balão? Você pode refletir sobre a lista que escreveu no Primeiro Passo. Preste atenção no seu humor. Como ele afeta suas escolhas? Algumas atividades são difíceis de fazer quando você se sente para baixo e você as deixa para depois? Existem outras atividades mais fáceis de fazer logo, ainda nesta semana, que trariam uma sensação de ânimo? É interessante ter em mente que, quando se está deprimido ou desanimado, a motivação vem algum tempo depois da decisão de dar o pontapé inicial. Portanto, é necessário começar para saber se você vai gostar ou não.

E lembre-se sempre de que, sem estímulo, assim como o balão, você corre o risco de fazer um pouso forçado. Isso se chama exaustão, mas talvez você só precise de um pouco de gás.

Com essa prática, não estamos tentando estabelecer uma regra. Agora você tem as habilidades para "voar sozinho" e tomar suas próprias decisões. E a Meditação da reflexão (veja o quadro a seguir) é formulada para ajudá-lo com isso.

Não se esqueça que, a cada dia, você deve fazer uma meditação de uma das semanas anteriores do curso – você pode fazer a mesma a cada dia ou escolher uma aleatoriamente (veja o quadro da página 189). Você já tem as habilidades necessárias, mesmo que nem sempre pareça.

Meditação da reflexão

O que revigora e o que esgota
Esta é uma reflexão sobre o que você apreciou mais ou menos nas últimas 24 horas. Praticá-la com regularidade ajuda a enfrentar cada momento do dia com maior equilíbrio, percepção e compaixão.

Ancoragem
1. Ao encontrar um lugar para se sentar ou deitar, leve a atenção às sensações nos pés, no contato com o assento, nas mãos ou na respiração. Se estiver focando na respiração, observe a inspiração e a expiração, e o intervalo entre elas. Depois expanda a atenção ao corpo como um todo.

Análise das últimas 24 horas
2. Quando estiver pronto, traga à mente os acontecimentos das últimas 24 horas, grandes e pequenos, importantes e triviais. Pessoas que encontrou, lugares onde esteve, deslocamentos. O que aconteceu? Se você permaneceu num só local, o que fez e o que percebeu?

O que mais apreciou?
3. Este é o momento de perguntar a si mesmo: "O que mais apreciei no dia? O que me deu energia? O que achei mais revigorante?"

Criar mais vigor
4. Depois reflita sobre estas perguntas: "O que eu poderia fazer de maneira diferente para trazer mais vigor ao dia de amanhã?"; "O que poderia fazer para aliviar a carga – coisas que eu apreciaria de fato?"
   Se nada vier à mente, tudo bem. Você pode refletir sobre isso depois e retornar às sensações da respiração ou algum outro ponto do corpo, para se ancorar.

O que menos apreciei?

5. Ao analisar o dia, talvez você tenha deparado com alguns momentos mais difíceis. Pergunte a si mesmo: "O que menos apreciei no dia?"; "O que dificultou as coisas para mim?"; "O que roubou energia?" Se quiser, deixe que esse momento venha à mente. Permita que permaneça por uns momentos, observando quaisquer reações a ele, quaisquer pensamentos, sentimentos ou sensações corporais. Lembre-se de que não precisa gostar desses sentimentos. Tudo bem não gostar deles, não querer que estejam por perto. Tente se abrir para eles, permitir que sejam como são.

Lide habilmente com tais momentos

6. Agora pergunte a si mesmo: "Da próxima vez que tais momentos ocorrerem, como poderia enfrentá-los de um jeito melhor?" Lembre-se de ser gentil consigo mesmo. Se nada vier à mente nesse momento, tudo bem. A simples abertura à possibilidade de lidar de maneira diferente com essas situações pode desencadear uma mudança nos padrões mentais.

Fim

7. A certa altura, retorne à respiração no corpo enquanto está sentado ou deitado, e permita que uma das coisas que você mais apreciou retorne à mente – uma sensação de estar revigorado, de ter energia, de estar vivo.

Quando estiver pronto, encerre a prática.

Um banho, uma caminhada, um tempo para si mesmo, visitar um amigo, escutar música, dançar sozinho ou com uma pessoa querida, passar um tempo a mais comprando comida saudável enquanto degusta seus aromas e sabores. Esta semana foque nas pequenas coisas que nutrem seu espírito, "elevam seu balão" e mantêm a vida em equilíbrio. Tudo isso vai ajudá-lo a reconhecer os prazeres simples que deixaram de fazer parte da sua vida, às vezes sem que você percebesse.

No caso de Gemma, o prazer em questão era um banho relaxante de banheira no fim do dia. "Era algo tão pequeno, mas para mim sempre foi como um presente valioso", ela disse. "Quando escrevi a lista de coisas que derrubavam a cesta do meu balão e aquelas que o faziam subir, notei que meu cotidiano estava bem desequilibrado. A curto prazo, não havia muito que eu pudesse fazer em relação às coisas grandes que me derrubavam, portanto comecei com as coisas pequenas que eu sabia que estimulavam meu estado de espírito. O banho, por exemplo. Sério, simples assim. Eu entrava na banheira com todos os músculos tensos e cheia de preocupações e autocríticas – meu crítico interno me alertava sobre os perigos de desperdiçar o tempo dessa forma. Ele continuava me dizendo que eu deveria tomar uma ducha rápida e deixar o banho de banheira para quando tivesse mais minutos de sobra. E quase aceitei seu conselho. Mas lembrei-me da promessa que fiz para mim mesma no começo do curso de que eu o completaria e seguiria as instruções ao pé da letra. Disse a mim mesma que eram só oito semanas, então não estava perdendo nada ao tentar. Essa foi a licença da qual precisava para espantar o crítico interno e me jogar na banheira. E foi tão mágico sentir todos os problemas indo embora por meia hora. Após alguns banhos, resolvi adicionar sais aromáticos à água. Depois disso eu dormia feito pedra."

Permitir-se ser gentil consigo mesmo pode ser crucial, especialmente quando estiver muito atarefado, cheio de trabalho, ou achando que está carregando o mundo nas costas. Não importa quão fútil esta semana possa parecer, é fundamental para o sucesso de todo o programa. Podemos ensinar os aspectos técnicos da atenção plena, mas a verdadeira meditação é a maneira como você vive. Lembre que são os pequenos momentos que marcam uma vida bem vivida. Ter consciência disso acrescenta certa objetividade ao cotidiano, que precisa ser verdadeiramente experimentado, dia após dia. A procrastinação pode ser uma barreira invisível, porque costuma criar uma sensação falsa de que você está organizando e otimizando a vida ao priorizar tarefas que são incessantemente manipuladas e adiadas, enquanto espera o momento perfeito para realizá-las – momento que nunca chega.

É importante evitar que a procrastinação ganhe espaço e monopolize seu tempo. Por esse motivo, quando você escolhe fazer uma atividade – seja por prazer ou por obrigação –, convém reservar uma hora específica (ou mais) em sua agenda, em vez de deixar que seja uma intenção geral. Leve em consideração suas outras prioridades e seus prazos, para não ser forçado a se reorganizar no último minuto. Ao fazer isso, você pode descobrir que assumiu muitas tarefas. Talvez seja preciso reavaliar as prioridades, adiando algumas coisas e deixando outras de lado. Se uma atividade parecer excessiva, então divida-a em partes. Limpe uma gaveta, por exemplo, em vez de toda a cômoda; revise uma parte de um texto, em vez de todo ele; responda a um e-mail, em vez de todos de uma só vez. Você pode limitar o tempo que dedica a cada tarefa. Dez minutos pode ser o bastante, mas dar início a ela já vai trazer um grande alívio. Programe um cronômetro para lembrar de fazer uma pausa a cada 30 ou 45 minutos. Se estiver se sentindo exausto, pode ser por ter adquirido o hábito de ficar acordado até tarde, perdendo uma ou duas horas de sono. Para recuperar o atraso da semana, se puder, tire um ou dois cochilos durante o dia (cada um com menos de 30 minutos) ou vá para a cama mais cedo, deixando o celular fora do alcance das mãos e dos olhos. É impressionante o que a falta do sono pode causar. E muitas vezes seus efeitos negativos são notados só depois que colocamos o sono em dia e olhamos para os dias anteriores.

Prática Diária da Atenção Plena: "Falar e ouvir"

Caso queira levar a atenção plena para cada área da vida, uma das melhores formas é cultivá-la ao falar e ouvir, já que passamos grande parte do tempo conversando.

Em algum ponto nas próximas horas ou na primeira chance que tiver, tente direcionar a atenção aos momentos em que está conversando – no trabalho, em casa ou nos deslocamentos pela cidade.

Quando estiver ouvindo, tente fazê-lo de todo o coração, sem concordar nem discordar ou planejar o que dirá na sua vez.

Ao falar, pergunte-se quantas de suas palavras são de fato necessárias. Algo bem difícil quando se fala sobre alguém que não está presente. Às vezes isso é necessário, mas é interessante imaginar que essa pessoa pode ouvir a conversa. Pelo tom das palavras, ela reconheceria que é amada e cuidada, ou só ouviria coisas negativas a seu respeito? O que vocês dizem é verdadeiro? E mesmo que seja, é indispensável? E ainda que pareça ser, é gentil? Veja se é possível, em todas as suas conversas, dizer apenas o fundamental sem exagerar nada, e depois parar e ouvir.

Assim, você estará cultivando a atenção plena no dia a dia e aprendendo a viver com sabedoria e compaixão – um dia a dia pleno de gentileza com você e com os outros.

No exercício do balão, Frankie teve uma importante percepção de que precisava "temperar o dia".

"Notei como negligenciava as atividades que me estimulavam e como atitudes de gentileza, bondade e aceitação promovem uma sensação maior de contentamento. Ao me perguntar o que me deixa esgotada, a resposta imediata foi 'fatores externos', como redes sociais e notícias diárias. Porém, ao olhar mais de perto, descobri que o que realmente drenava meu humor era remoer o que não posso mudar ou o que me incomoda. E isso acontecia por meio das mídias em geral."

Frankie decidiu dar um tempo das redes sociais e das notícias: "Sou um pouco viciada em notícias. Costumava trabalhar em jornais, e adoro esse ritmo acelerado. Mas percebi que ver tanta notícia assim pode dar uma visão bastante distorcida da humanidade. Aprendi que, se está no noticiário, provavelmente não vai acontecer com você – se virou notícia é porque é incomum e não acontece toda hora. Também aprendi que, se uma manchete termina com um ponto de interrogação, a resposta normalmente é 'Não'. Pense nas manchetes dos tabloides como 'Seu papagaio é vidente?' Mesmo sabendo desses fatos, eu ainda era atraída pela checagem dos acontecimentos. Minha força de vontade não era forte o bastante para resistir a eles, então me impus uma dieta restritiva da mídia, evitando tudo por uma semana. Limitava sobretudo as redes sociais. Elas têm algoritmos que deixam você psicologicamente viciado – então foi bem difícil."

Frankie descobriu que no centro de seu cotidiano havia um vazio que as redes sociais costumavam ocupar. Então decidiu "temperar o dia" com a prática "Escolhas de ações": pequenas pausas nas quais ela poderia se ancorar, apreciar a vida e agradecer àqueles ao seu redor. Em vez de se alimentar de internet, ela se deliciava com as situações de seu próprio dia a dia à medida que aconteciam. E como ocorre com os temperos, não é preciso muito para fazer uma grande diferença.

Frankie se encontrou com uma amiga que não via há algum tempo. "Percebi como sentia a falta dela", contou. "E foi muito legal. Com *quem* nos encontramos também importa, e muito. É aqui que a meditação 'Falar e ouvir' realmente ajudou. Teria sido muito fácil voltar aos velhos hábitos de falar e ouvir sobre o nosso passado, mas decidi conversar sobre como a vida dela havia mudado nos últimos três anos desde que a vi. Então foi como se a estivesse conhecendo de novo. Era a mesma amiga, mas agora cheia de experiências novas para contar. Quando começamos a fofocar sobre alguém que conhecíamos, senti que isso não levava a nada, fiquei em silêncio por um momento, e depois demos risadas de outras situações do nosso passado e nos divertimos."

Emma notou uma mudança profunda em seu coração e em sua mente essa semana. A vida parecia estar de cabeça para baixo, e ela admitiu que foi difícil continuar com as práticas semanais dos tons de sentimento. Mas, com a ajuda de sua professora de meditação, ela persistiu, seguindo em frente sem julgamentos. E quando parecia que a dificuldade duraria para sempre, algo mudou. Ela escreveu em seu diário:

A partir do terceiro dia, algo mudou. Mas não foi somente a maneira como eu pensava – não foi algo cognitivo. Era algo profundo dentro de mim, uma generosa vastidão, uma certeza de que eu ficaria bem. Uma mudança no modo como encaro as circunstâncias. Como vejo toda a correria e todo o caos. Uma mudança na forma de lidar com a resistência. Ainda estou exausta. Porém, parece menos difícil, menos sufocante, mais fácil e mais tranquilo. Como se algo criasse espaço suficiente para que tudo caiba. Apenas dizendo "Tudo bem não gostar disso", dando a permissão para que coisas ruins – e boas – estejam lá. Não estou mais em uma luta constante com os fatos ruins, me apegando e desejando que as coisas boas permaneçam. Essa experiência me ensinou a parar de fugir da vida. Acho que mudança é isso – uma permanência, uma libertação, uma aceitação. Sei que pode soar fofo, mas é muito melhor do que se sentir presa e emaranhada pelos fatos do cotidiano. Agora sei que estarei bem não importa o que aconteça.

CAPÍTULO 12

Semana 8: A aventura continua

Vedanā é o elemento muitas vezes esquecido da atenção plena. Embora fundamental, costuma ser ignorado nos programas, em parte porque parece um pouco enigmático – sutil demais, talvez – para se encaixar no mundo moderno, e também porque há um limite ao que pode ser ensinado em um curso de oito semanas. Mas os últimos avanços na neurociência mudaram essa perspectiva. Descobrimos que os tons de sentimento são fundamentais à nossa compreensão do mundo e, ocasionalmente, ao modo como podemos ficar envoltos no sofrimento. Agora, o *vedanā* pode ser acolhido no centro das atenções, em vez de permanecer na periferia da atenção plena, e isso corresponde às tradições anteriores que lhe deram origem. É incrível como ideias e práticas com pelo menos 2.500 anos podem nos ajudar a encontrar a paz para prosperar no século XXI. *Vedanā* leva a meditação ao mundo pós-moderno – onde cabe e ao qual pertence.

Dizem que a verdadeira meditação é a forma como vivemos o cotidiano. Isso também vale para o *vedanā*, porque ele nos ajuda a viver de maneira consciente e com *intenção*, de modo que a vida se torna a meditação e a meditação se torna a vida. Intenções conscientes permitem romper os véus que nos separam do mundo como realmente é – um mundo que costuma ser mais sutil, mutável e bonito do que imaginamos. Isso permite acalmar as tempestades antes de elas nos dominarem e agir com sabedoria em vez de recorrer à emoção reativa. Agora, você tem as habilidades necessárias para dar conta de todo esse conhecimento. Embora ainda haja muito a aprender, não podemos lhe ensinar muito mais. Em breve, você precisará se tornar seu próprio professor e guia. Esse é o propósito deste capítulo. Aqui, vamos ajudá-lo a consolidar tudo que aprendeu até agora e prepará-lo para a sua jornada. Mas, primeiro, será de grande ajuda ver quão longe você chegou, e então você poderá decidir como (ou se) deseja incorporar o *vedanā* ao dia a dia.

MOVER-SE COM FLUIDEZ pelo mundo exige que o cérebro faça previsões contínuas sobre o que está prestes a ver, ouvir, saborear, cheirar e tocar. As previsões são atualizadas a cada momento por meio de dados sensoriais recebidos, mas se não for encontrada nenhuma diferença, o que você experimenta é a *previsão* feita dentro de sua cabeça, não os dados que estão fora dela. Isso tem por base os dados sensoriais armazenados no cache de curto prazo – ou memória super-rápida. Os tons de sentimento também são aspectos fundamentais dessas previsões; tanto os dados quanto os tons de sentimento estão entrelaçados no cache. É por isso que costumamos viver dentro de nossa cabeça. É a opção padrão.

Não surpreende que você seja empurrado repetidas vezes para velhos hábitos do pensamento emocional – porque o mais intenso desses tons de sentimento (que é o mais desagradável) parece ter a maior necessidade de ação. Eles são facilmente atendidos pelo cache da mente. Sem dados precisos para atualizar a simulação, você é compelido a viver dentro de seus modelos mentais, esquecendo aos poucos como habitar sua vida real – como se envolver diretamente com a experiência de estar vivo.

Há outro fator ainda. A direção e a urgência de nossas ações dependem de onde se situam esses tons de sentimento no espectro agradável/desagradável. Esse tom de sentimento, se *não* estiver bem visível, nos manipula. Deixado à vontade, cria automaticamente uma pulsão de reatividade. Essa pulsão de reatividade pode incluir a resistência contra o que não gostamos, a busca pelo que gostamos ou, às vezes, um enfraquecimento da positividade para evitar decepções. Esses tons de sentimento são esquecidos com facilidade e, no entanto, são os pontos de virada que podem causar muitos danos para nós e para nossos relacionamentos. Você sabe o que vem a seguir – a reatividade automática pode desencadear uma sucessão de pensamentos, sentimentos, sensações, imagens e emoções. É como uma sequência de fotos (uma sucessão rápida de imagens) fluindo sem esforço dos dados do mundo real, o que é bastante ruim, para a imaginação, algo ainda pior. Isso, então, realimenta nossas previsões, porque entendemos o mundo por meio da ação. Cada pensamento, sentimento, emoção e sensação – tudo que somos capazes de experimentar – é refletido e compreendido por meio das ações correspondentes realizadas no corpo e na mente. Por isso, tantas vezes nos sentimos estressados e exaustos.

Embora nada possa ser feito em relação ao *vedanā* subjacente, podemos diminuir o ritmo e observar as situações quadro a quadro. Esses momentos permitem romper a ligação entre o tom de sentimento e a pulsão de reatividade que o segue. No decorrer do tempo, um ciclo longo e danoso pode ser transformado em algo virtuoso.

Na Semana 1 do curso, você aprendeu como encontrar uma âncora firme, para que a mente não se perca mais nas distrações inevitáveis do cotidiano. Aprendeu que a respiração pode ser um ótimo lugar para ancorar a atenção, mas que há outros pontos de foco alternativos: as sensações do contato entre os pés e o chão, entre o corpo e o local onde está sentado ou deitado, entre as mãos e o colo ou os quadris.

Na Semana 2, você aprendeu que existe uma alternativa que força a mente a voltar de imediato ao seu assunto escolhido quando ela divaga durante a meditação. Mesmo que você pratique atenção plena há muitos anos, pode se sentir um pouco frustrado quando a mente divaga. Você acha que já deveria estar mais bem preparado nessa prática. E pode olhar ressentido para outros meditadores, para imagens na mídia ou para professores de atenção plena, e acreditar que eles meditam com perfeição. Tão calmos! Então, compara o que *você* sente por dentro com o que eles se parecem *por fora*. Isso pode ser tóxico. Em vez disso, você dedicou à sua mente um sentimento de gratidão e admiração, tornando cada divagação uma oportunidade de observá-la de uma perspectiva nova, mais ampla e gentil. Isso muda tudo; quanto mais divagação, mais gratidão e mais afeto para essa parte íntima de quem você é. Também praticou como trazer seus sentimentos cotidianos para o centro da percepção. Aos poucos, você percebeu como cada porta sensorial traz não apenas sensações, mas também uma *sensação* dessas sensações, uma leitura intuitiva de que algo é agradável, desagradável ou neutro.

Na Semana 3, você ampliou esse aprendizado ao notar que pensamentos, e até fluxos inteiros de pensamentos, assim como emoções que os acompanham, surgem entrelaçados com tons de sentimento. Existe algo incrível nesta descoberta. Há muito mais coisas acontecendo na mente e no corpo. Pensamentos, sensações e emoções são complexos, e podemos nos tornar analíticos demais ao tentar desvendar e entender seus significados "reais". Mas com o tom de sentimento existem apenas três: agradável, desagradável e neutro. Nada mais. Saber disso é libertador. Foi também na Semana 3 que você praticou entrar em sintonia com as sutilezas desses tons de sentimento sem julgamentos ou análises.

Durante a Semana 4 você trabalhou essa habilidade ao permitir que as coisas sejam como são. Dizer gentilmente para si mesmo "Tudo bem não gostar disso" ou "Tudo bem gostar disso" era um lembrete de que corpo e mente fazem parte da natureza e suas reações são naturais e normais. E, ao praticar a gratidão, percebeu como todos temos uma inclinação natural e generalizada para o desagradável. Isso cria um "manto de indiferença" que jogamos sobre muitos pequenos prazeres que deveriam nutrir nosso estado de espírito. Costumamos não perceber esses pequenos prazeres, o que é espantoso, mas igualmente surpreendente é descobrir que eles ainda estão aqui, esperando para ser descobertos, como velhos amigos com os quais perdemos contato e que estão muito felizes em nos rever.

A Semana 5 volta à descoberta central da psicologia e da neurociência: ações não surgem como o estágio final de um processo elaborado de percepção e processamento de dados brutos do mundo. Ações são fundamentais para como você entende o mundo no primeiro momento de percepção. Para perceber o que está acontecendo ao seu redor, primeiro você precisa simular e ensaiar uma ação. Sem o cérebro ensaiar as ações correspondentes, você não conseguiria entender o que alguém lhe diz, formular um pensamento, nem mesmo lembrar do passado ou fazer planos. É quase como se tropas estivessem sendo mobilizadas, preparando-se para a batalha, praticando manobras e tiros – para cada pensamento, sentimento, sensação, emoção que surge a cada momento de cada dia. Não é de admirar que você esteja sempre tão exausto! Por isso, exploramos os benefícios de dizer gentilmente para si mesmo: "Nenhuma ação é necessária agora." O que não impede uma reação sábia. Ao contrário, a maior parte da atividade do cérebro ao se preparar para a ação é irrelevante. E quando se está no meio de uma meditação, nenhuma ação é necessária. Então "Nenhuma ação é necessária agora" traz seu próprio alívio. As tropas se retiram, existe uma sensação de descanso e paz. E essa calmaria segue pelo restante do dia e ajuda você a perceber que muitas vezes – quase sempre – o mais sábio a fazer é não agir.

Na Semana 6, você reuniu todas essas novas habilidades e começou a direcioná-las para suas emoções difíceis. Praticou a habilidade de ser amigável consigo mesmo e permitiu a presença de emoções difíceis na mente e no coração. Também observou onde elas se revelam no corpo e reconheceu cada tom de sentimento ao dizer "Tudo bem não gostar disso", se era desagradável, e silenciosamente completou: "Nenhuma ação é necessária agora." O que gerou uma sensação de espaço para a dificuldade conforme ocorria no corpo, sem tentar afastá-la, já que isso só piora o quadro – deixando-a ainda mais desagradável.

Na Semana 7, você descobriu que quando está preocupado ou cansado perde contato com as pequenas coisas que nutrem a alma e fazem a vida valer a pena. Esses pequenos prazeres passam despercebidos, deixando para trás apenas aquilo que mina o humor e acaba com a qualidade de vida. Mas ainda pode ser pior – pois quando se sente para baixo, você pode achar que até mesmo pensar nas coisas que costumavam ser prazerosas desencadeia aversão. Então quer afastá-las – e não consegue imaginá-las sendo prazerosas de novo. Reconhecer esse estado e não se culpar é bastante catártico. Você pode explorar a possibilidade de recuperar seu cotidiano, pouco a pouco, usando práticas diárias de percepção dos pequenos prazeres e das belezas que subestimava.

E, agora, estamos na Semana 8, que dá a oportunidade de refletir sobre o que aconteceu com você, quais foram suas dificuldades, seus desejos e suas descobertas ao longo do programa. E você pode decidir o que quer levar adiante. Portanto, reserve um momento para sentar-se em seu espaço de meditação e refletir sobre as perguntas a seguir. Não tenha pressa.

- Qual era a sua intenção ao seguir o programa deste livro?
- O que aprendeu?
- Quais foram as dificuldades e os desafios?
- Como lidou com eles?

Então, quando estiver pronto, reserve mais um momento para se sentar, concentrando-se na respiração e no corpo, talvez ouvindo a meditação "Encontre sua âncora", e reflita sobre estas perguntas.

- O que mais gostaria de explorar?
- O que poderia inibir você e como pretende lidar com isso?
- O que vai apoiar você de maneira mais eficaz?

Nesse momento, você pode estar empolgado e, ao mesmo tempo, intimidado: empolgado com o potencial adicional do *vedanā*, intimidado pelas escolhas que precisará fazer. Afinal, por onde começar e o que lhe dará o apoio mais eficaz?

Muitas pessoas consideram a regularidade, a estrutura e o entusiasmo importantes na manutenção da prática da meditação. Então decida quanto tempo está disposto e disponível para se dedicar à prática diária. Você precisa de um mínimo de comprometimento, mas não superestime esse quesito. O ideal é meditar de 20 a 30 minutos por dia, cinco ou seis dias na semana. Se não conseguir, ao menos 10 minutos por dia é satisfatório. A atenção plena é uma atividade para toda a vida, e seus benefícios só aumentam no decorrer dos meses e dos anos, por isso a regularidade é mais importante do que exagerar, desistir e exagerar de novo.

E o que você deveria praticar? Alguns dias, você sentirá necessidade de se ancorar com a meditação "Encontre sua âncora". Outros dias, pode precisar lembrar de que "Nenhuma ação é necessária agora" com a prática "Tom de sentimento momento a momento". Mesmo assim, convém ter uma estrutura de trabalho, e na página 215 você encontrará algumas sugestões para a prática mensal durante o ano inteiro. São apenas ideias com base em nossa experiência sobre o que ajudou outras pessoas. Muitos de nossos alunos consideraram útil praticar com o mesmo tema ou intenção por mais de uma semana. Por isso, recomendamos manter as mesmas práticas por um mês. Com esse comprometimento, você não precisa começar a prática diária tendo que decidir o que fazer. Ter que decidir pode causar pressão e desencadear a procrastinação. Também rouba tempo da prática em si. Além disso, repetições diárias permitem ver as mudanças trazidas em cada dia. Essas mudanças podem ser sutis ou significativas e motivadas por várias causas e condições diferentes, como o clima externo ou interno da mente e do corpo, o que você fez no começo do dia ou nos dias anteriores, as pessoas que conheceu, as alegrias e as tristezas que teve, ou os projetos que falharam e aqueles que completou. Essas mudanças diárias podem ser vistas com mais clareza se a prática permanecer estável por um período mais longo.

Sinta-se à vontade para usar as faixas do programa – assim como o guia de meditações e as versões mínimas. Use as faixas com o toque do sininho quando quiser guiar a si mesmo, mas não se sinta obrigado a fazer isso. De vez em quando, ainda usamos as faixas do guia de meditação. Também pode ser muito terapêutico se sentir em um pequeno retiro doméstico e se deixar levar pelas meditações.

Na tentativa de dar início a elas, você pode ser impelido a deixar para depois. E vai identificar isso como procrastinação. Se for o caso, lembre-se dos conselhos dos professores de yoga: "O movimento mais difícil no yoga é aquele que se está fazendo." E caso essa teoria não convença, prometa fazer uma prática de meditação por apenas um minuto. Sim, apenas um minuto. E se depois de um minuto você decidir continuar, verá que pode valer muito a pena.

Lembra-se de que no começo deste capítulo mencionamos que o *vedanā* costumava ser abordado de maneira breve durante os cursos de atenção plena porque há muito a ser ensinado em um programa de oito semanas? Pois tivemos o mesmo dilema neste curso. Deixamos um elemento de lado por não ser central ao curso de *vedanā*, mas ele será muito gratificante. Nós o chamamos de *libertadores de hábitos*. Foi desenvolvido para afrouxar o controle que os hábitos mantêm sobre você. São práticas curtas e agradáveis que vão trazer grandes benefícios se você prestar atenção no tom de sentimento conforme pratica. São pequenos catalisadores que ajudarão a incorporar os benefícios de suas meditações. Você encontra uma lista deles no quadro a seguir. Tente focar em um ou dois por mês.

Libertadores de hábitos

Escolha uma ou duas destas sugestões a cada mês e faça uma experiência, notando o tom de sentimento:

- Ande 5% mais devagar ao ar livre ou dentro de casa.
- Deseje mentalmente o bem a uma pessoa ao andar na rua ou no percurso entre casa e trabalho, dizendo "Que você possa estar bem", sabendo que ela tem vontade de ser feliz, de estar relaxada e de viver livre do sofrimento.
- Deixe o celular fora do alcance das mãos ao assistir à TV, ao trabalhar e quando ele estiver sendo recarregado à noite. Quando visível, o celular pode reduzir a concentração e o desempenho em 20%.[1]
- Fique desconectado um dia por semana este mês: sem e-mail, sem navegar na web, sem computador nem celular (se possível).
- Responda aos e-mails meia hora por vez este mês (ou decida de antemão por quanto tempo). Programe um cronômetro e obedeça a ele.
- Programe na agenda um compromisso de uma hora com você mesmo, uma vez por semana, e faça o que quiser – qualquer coisa grande ou pequena, ou mesmo nada.
- Acrescente uma mensagem aos seus e-mails dizendo que você não os responde entre sete da noite e sete da manhã.
- Programe uma atividade agradável há muito esquecida (ouvir música, ler um poema favorito, visitar alguém de quem você gosta).

- Faça algo que você vem protelando, por menor que seja.
- Escreva uma mensagem para alguém que você conhecia mas com quem perdeu contato.
- Pratique dizer "não" este mês a novos compromissos que interfiram com coisas que você já programou.
- Escolha uma habilidade que você queria ter (tocar violão, fazer cerâmica, desenhar ou praticar um esporte) e dê os primeiros passos para aprendê-la. Estar aberto a ideias novas é um dos cinco fatores do bem-estar.
- Encontre uma lista ainda maior de *libertadores de hábitos* em franticworld.com/releasers (em inglês).

SINAIS DE ALERTA DE TURBULÊNCIAS EMOCIONAIS OU FADIGA

Às vezes, você se sentirá esgotado. Por causa disso, a prática pode falhar. Você pode se sentir perdido e sozinho, como se retrocedesse e perdesse o progresso já feito.

A vida pode ser bem difícil. Incapacitante às vezes.

E como reconhecer esses momentos? Eles não serão óbvios porque surgirão com sua própria propaganda irresistível. Veja alguns sintomas (mas lembre-se de que as histórias que conta a si mesmo são tão singulares quanto você): quietude ou impaciência; sono agitado ou sono demais; exaustão e fadiga. As coisas de que costumava gostar começam a parecer sem graça. Outra dica: observe pensamentos ou discursos que incluam "certezas". São palavras como *sempre, nunca, ninguém, todo mundo, nada, totalmente, inteiramente, tudo*. Esse tipo de linguagem é mais uma indicação de sofrimento emocional do que apenas palavras negativas.[2] É um alerta de que você está próximo do estresse, da exaustão e da depressão, indicando que está na hora de ser muito gentil consigo mesmo, de procurar por aquilo que nutre seu estado de espírito e de manter a cabeça fria à medida que descobre qual é o caminho mais eficaz para a ação.

A capacidade de recuar – mesmo que por um momento para ver o quadro geral – é o que a atenção plena com tons de sentimento ensina a você. Os psicólogos chamam isso de "descentralização" ou "desidentificação", e é o caminho pelo qual muitas terapias exercem seus efeitos mais poderosos.[3]

Como descentralizar quando a vida está oprimindo você, prendendo-o com correntes?

Respire uma vez. Isso mesmo, só uma vez.

Concentre-se em qual região do corpo os sentimentos estão concentrados.

Agradável, desagradável, neutro.

Se for desagradável, lembre-se de que "Tudo bem não gostar disso". "Nenhuma ação é necessária agora."

Depois, conforme for relaxando na quietude de seu coração e o momento começar a parecer certo, você pode dar um pequeno, e único, passo à frente.

Um ano de prática

As práticas mensais a seguir são apenas sugestões e abrangem temas gerais, para que você possa guiar a meditação. É aceitável e bem comum usar – ou retornar para – o guia completo de práticas caso sua energia ou seu entusiasmo diminuam por um tempo.

Mês 1
Meditação "Encontre sua âncora", deslocando a atenção para os pés, o contato com o assento, as mãos e a respiração. (Você pode praticar usando uma âncora por semana ou permanecer com uma ou duas o mês inteiro.) Pode usar as meditações 1.2 e 1.4 se quiser.

Mês 2
Meditação de ancoragem curta, depois a atenção plena de todo o corpo. Se a mente divagar, pause e cultive a gratidão por ela (meditações 2.2 e 2.4). Pratique a meditação "Encontre sua âncora ao acordar" pelo menos uma vez por semana (1.6).

Mês 3
Meditação de ancoragem curta na respiração ou no corpo, e em seguida mude para a atenção plena dos sons, depois dos pensamentos e dos sentimentos. Observe a tonalidade do que surgir na mente e no corpo (meditações 3.2 e 3.4). Faça a prática "Observe o tom de sentimento no dia a dia" ao menos uma vez por semana (meditação 5.5).

Mês 4

Caminhadas com atenção plena (4.2 e 4.4), com a atenção focada em pés, pernas, todo o corpo e no espaço ao redor (se preferir, dedique uma semana para cada um deles). Ou use o alongamento com atenção plena (meditação 4.5). Ao perceber uma sensação ou um pensamento agradável ou desagradável, lembre-se de que "Tudo bem gostar/não gostar disso". Em seguida, faça o exercício de gratidão dos dez dedos (4.6) ou a Prática Diária da Atenção Plena: apreciação (4.8) pelo menos uma vez por semana.

Mês 5

Meditação de ancoragem focada na respiração ou no corpo, seguida da atenção plena dos sons, depois dos pensamentos e sentimentos. Finalize com a percepção aberta, permitindo que tudo que surja na mente seja mantido de maneira gentil e bondosa. Perceba a tonalidade do corpo e da mente em cada expiração, ao mesmo tempo que se lembra de que "Tudo bem gostar/não gostar disso" e "Nenhuma ação é necessária agora" (meditações 5.2 e 5.4). Faça a prática "Observe o tom de sentimento no dia a dia" (5.5) pelo menos uma vez por semana.

Mês 6

Semana 1: Meditação da gentileza (6.1)
Semana 2: Meditação "Encontre sua âncora" (como no Mês 1: meditações 1.2 e 1.4)
Semana 3: Meditação "Explorar a dificuldade" (6.4)
Semana 4: Meditações "Encontre sua âncora" (1.2 e 1.4)

Faça a prática "Voltar-se para a dificuldade" pelo menos uma vez por semana (meditação 6.6).

Mês 7

Meditação "Encontre sua âncora" focada na respiração ou no corpo, seguida da atenção plena dos sons, depois dos pensamentos e sentimentos. Finalize com a percepção aberta sem um foco específico e perceba a tonalidade do que surgir na mente e no corpo, enquanto diz para si mesmo "Tudo bem gostar/não gostar disso" e "Nenhuma ação é necessária agora" (meditações 5.2 e 5.4).

Pratique a Meditação da reflexão (7.1 ou 7.2) pelo menos uma vez por semana.

Mês 8

Meditação "Encontre sua âncora" focada nos pés, no contato com o assento, nas mãos e na respiração. Permaneça com uma âncora por toda a semana ou apenas com uma ou duas durante o mês inteiro (meditações 1.2 e 1.4).

Faça a prática "Observe o tom de sentimento no dia a dia" (5.5) pelo menos uma vez por semana.

Mês 9

Semana 1: Meditação da gentileza (6.1).
Semanas 2 e 3: Meditação "Explorar a dificuldade" (6.4)
Semana 4: Meditação "Encontre sua âncora" (1.2 e 1.4)

Faça a prática "Voltar-se para a dificuldade" pelo menos uma vez por semana (meditação 6.6).

Mês 10

Alongamento com atenção plena (meditação 4.5) ou caminhada com atenção plena (4.1 até 4.4). Ancore-se brevemente, em seguida pratique a atenção plena de todo o corpo em movimento. Observe e nomeie os tons de sentimento de suas sensações e seus pensamentos, e diga a si mesmo "Tudo bem gostar/não gostar disso" e "Nenhuma ação é necessária agora".

Pratique "Falar e ouvir" com atenção plena pelo menos uma vez por semana (meditação 7.3).

Mês 11

Meditação "Encontre sua âncora" focada na respiração ou no corpo, seguida de atenção plena dos sons, depois dos pensamentos e dos sentimentos. Finalize com a percepção aberta, permitindo que tudo que surja na consciência seja mantido com gentileza e bondade, e perceba a tonalidade do que aparecer na mente e no corpo. Lembre-se de que "Tudo bem gostar/não gostar disso" e "Nenhuma ação é necessária agora" (meditações 5.2 e 5.4).

Prática Diária da Atenção Plena: "Escolhas de ações" pelo menos uma vez por semana.

Mês 12

Meditação da gentileza (6.1) é a opção padrão para este mês. Você pode fazer também outras práticas que achou úteis durante o ano ou que gostaria de explorar mais.

Pratique a Meditação da reflexão pelo menos uma vez por semana (meditações 7.1 ou 7.2).

Para ler e pesquisar

LIVROS

Guias de Autoajuda de Atenção Plena
Williams, M. & Penman, D., *Atenção plena (Mindfulness): Como encontrar a paz em um mundo frenético* (Sextante, 2015).

Williams, J. M. G.; Teasdale, J. D.; Segal, Z. V. & Kabat-Zinn, J., *Manual prático de mindfulness: Um programa de oito semanas para libertar você da depressão, da ansiedade e do estresse emocional* (Pensamento, 2019).

Teasdale, J. D.; Williams, J. M. G. & Segal, Z. V., *The Mindful Way Workbook* (Guilford Press, 2007).

Penman, D., *A arte de respirar: O segredo para viver com atenção plena* (Sextante, 2018).

Dor e Doença Crônica
Burch, V. & Penman, D., *Mindfulness for Health: A Practical Guide to Relieving Pain, Reducing Stress and Restoring Well-being* (Piatkus, 2013). Publicado nos Estados Unidos como *You Are Not Your Pain: Using Mindfulness to Relieve Pain, Reduce Stress, and Restore Well-Being: An Eight-Week Program* (Flatiron, 2015).

Criatividade e Tomada de Decisões
Penman, D., *Mindfulness for a More Creative Life: Calm Your Busy Mind, Enhance Your Creativity and Find a Happier Way of Living* (Piatkus, 2021).

Manual de Terapia Cognitiva Baseada na Atenção Plena para Terapeutas
Segal, Z. V.; Williams, J. M. G. & Teasdale, J. D., *Mindfulness-Based Cognitive Therapy for Depression* (segunda edição, Guilford Press, 2013).

Emoções, Sentimentos e Mente Corporificada
Barrett L.F. *How Emotions Are Made: The Secret Life of the Brain* (Macmillan, 2017).
Damasio, A., *A estranha ordem das coisas: As origens biológicas dos sentimentos e da cultura* (Companhia das Letras, 2018).
Clark, A., *Surfing Uncertainty: Prediction, Action and the Embodied Mind* (OUP, 2016).

SITES

Atenção Plena
www.franticworld.com
Nosso site para acompanhar este e nosso livro anterior. Contém um fórum para discutir experiências e aprender com os outros. Há links para outras meditações e livros que podem ser úteis, além de uma seção em que constam palestras, eventos e retiros futuros. Em inglês.

www.mbct.co.uk e www.oxfordmindfulness.org
Nossos sites de Oxford: introdução geral à Terapia Cognitiva baseada na Atenção Plena – inclui informações sobre treinamento. Em inglês.

https://www.oxfordmindfulness.org/learn-mindfulness/resources/
Práticas de meditação da Terapia Cognitiva baseada na Atenção Plena guiadas por Mark Williams. Em inglês.

www.bangor.ac.uk/mindfulness
Treinamento em abordagens de saúde baseadas na atenção plena, até

o nível de mestrado, oferecido na Universidade de Bangor, onde Mark Williams trabalhou antes de se mudar para Oxford. Em inglês.

https://bamba.org.uk/
British Association of Mindfulness-based Approaches. Uma comunidade inclusiva de praticantes, professores, treinadores e pesquisadores de atenção plena. Em inglês.

www.mindfulnesscds.com
Para áudios/CDs de práticas de meditação gravados por Jon Kabat--Zinn. Em inglês.

https://www.brown.edu/public-health/mindfulness/home
Mindfulness Centre na Brown University, Providence, Rhode Island. Em inglês.

Base Budista
www.gaiahouse.co.uk
Gaia House, West Ogwell, Newton Abbot, Devon TQ12 6EW. Um centro de retiro em tradição de meditação de percepção (que muito se aproxima das práticas de atenção plena ensinadas na Terapia Cognitiva baseada na Atenção Plena e Redução do Estresse Baseada na Atenção Plena).

www.dharma.org
Informações sobre centros oferecendo experiência da tradição de meditação de percepção. Em inglês.

www.dharmaseed.org
Oferece uma ampla biblioteca, atualizada regularmente, de palestras dadas (sobretudo em retiros) por professores da tradição de meditação de percepção. Procure palestras sobre *vedanā* ou *tom de sentimento* para explicações desse aspecto básico da prática da atenção plena. Em inglês.

DE OLHO NO SEU CORPO E NA SUA MENTE

Se a qualquer momento você se sentir esgotado, releia a seção do Capítulo 5 (Semana 1). Você não precisa forçar a barra e meditar durante uma tempestade emocional. Se sentimentos excessivamente intensos persistirem, procure amigos ou um professor de atenção plena, ou converse com um médico ou terapeuta. Caso ache esse caminho difícil, procure grupos de apoio que possam ajudar.

Para informação e discussões sobre a segurança da atenção plena, veja (em inglês):
http://oxfordmindfulness.org/news/is-mindfulness-safe/

GUIA DE MEDITAÇÃO EM ÁUDIO

Eis um resumo dos números e nomes das meditações que figuram em cada semana do programa. Todos os áudios de meditação podem ser encontrados em www.sextante.com.br/atencaoplenaprofunda ou em franticworld.com/deeper-mindfulness (em inglês).

SEMANA 1
Meditação 1.1: "Encontre sua âncora", versão 10 minutos
Meditação 1.2: "Encontre sua âncora", versão 20 minutos
Meditação 1.3: "Encontre sua âncora", versão 30 minutos
Meditação 1.4: "Encontre sua âncora", versão com instruções mínimas
Meditação 1.5: Faixa com som de sininhos a cada 5 minutos
Meditação 1.6: Prática Diária da Atenção Plena: encontre sua âncora ao acordar

SEMANA 2
Meditação 2.1: "Faça uma pausa", versão 10 minutos
Meditação 2.2: "Faça uma pausa", versão 20 minutos

Meditação 2.3: "Faça uma pausa", versão 30 minutos
Meditação 2.4: "Faça uma pausa", versão com instruções mínimas
Meditação 2.5: Faixa com som de sininhos a cada 5 minutos

SEMANA 3
Meditação 3.1: "Tom de sentimento", versão 10 minutos
Meditação 3.2: "Tom de sentimento", versão 20 minutos
Meditação 3.3: "Tom de sentimento", versão 30 minutos
Meditação 3.4: "Tom de sentimento", versão com instruções mínimas
Meditação 3.5: Prática Diária da Atenção Plena: uma reflexão ao fim do dia sobre o tom de sentimento
Meditação 3.6: Faixa com som de sininhos a cada 5 minutos

SEMANA 4
Meditação 4.1: Caminhada com atenção plena, versão 10 minutos
Meditação 4.2: Caminhada com atenção plena, versão 20 minutos
Meditação 4.3: Caminhada com atenção plena, versão 30 minutos
Meditação 4.4: Caminhada com atenção plena, versão com instruções mínimas
Meditação 4.5: Alongamento com atenção plena
Meditação 4.6: Exercício de gratidão dos dez dedos
Meditação 4.7: Exercício de gratidão dos dez dedos, versão com instruções mínimas
Meditação 4.8: Prática Diária da Atenção Plena: apreciação
Meditação 4.9: Repousar quando você não consegue dormir – 8 minutos
Meditação 4.10: Faixa com som de sininhos a cada 5 minutos

SEMANA 5
Meditação 5.1: "Tom de sentimento momento a momento", versão 10 minutos
Meditação 5.2: "Tom de sentimento momento a momento", versão 20 minutos

Meditação 5.3:	"Tom de sentimento momento a momento", versão 30 minutos
Meditação 5.4:	"Tom de sentimento momento a momento", versão com instruções mínimas
Meditação 5.5:	Prática Diária da Atenção Plena: observe o tom de sentimento no dia a dia
Meditação 5.6:	Faixa com som de sininhos a cada 5 minutos

SEMANA 6

Meditação 6.1:	Meditação da gentileza, versão 15 minutos
Meditação 6.2:	Meditação da gentileza, versão com instruções mínimas
Meditação 6.3:	"Explorar a dificuldade", versão 10 minutos
Meditação 6.4:	"Explorar a dificuldade", versão 20 minutos
Meditação 6.5:	"Explorar a dificuldade", versão com instruções mínimas
Meditação 6.6:	Prática Diária da Atenção Plena: voltar-se para a dificuldade
Meditação 6.7:	Faixa com som de sininhos a cada 5 minutos

SEMANA 7

Meditação 7.1:	Meditação da reflexão
Meditação 7.2:	Meditação da reflexão, versão com instruções mínimas
Meditação 7.3:	Prática Diária da Atenção Plena: "Falar e ouvir"
Meditação 7.4:	Faixa com som de sininhos a cada 5 minutos

Notas

CAPÍTULO 1

1 Adaptado das páginas 19-20 de *Into the Silent Land* de Martin Laird, com a gentil permissão do autor.
2 Segal, Z. V.; Williams, J. M. G. & Teasdale, J. D., *Mindfulness-based Cognitive Therapy for Depression* (segunda edição, Guilford Press, 2013); Teasdale, J. D.; Williams, J. M. G. & Segal, Z. V., *The Mindful Way Workbook: An Eight-Week Program to Free Yourself from Depression and Emotional Distress* (Guilford Press, 2014).
3 A palavra sânscrita *vedanā* também foi usada em páli, uma língua posterior do subcontinente indiano na qual os ensinamentos budistas foram originalmente transmitidos e anotados. Ver Capítulo 3, nota 2, para mais informações.

CAPÍTULO 2

1 Pesquisa de Gloria Mark e colegas: Mark, G.; Gonzalez, V. M. & Harris, J., (2005) "No Task Left Behind? Examining the Nature of Fragmented Work Proceedings of the Conference on Human Factors in Computing Systems", CHI 2005, Portland, Oregon, EUA, 2-7 de abril de 2005 doi:10.1145/1054972.1055017; Mark, G.; Gudith, D. & Klocke, U. (2010), "The Cost of Interrupted Work: More Speed and Stress. Proceedings of the 2008 Conference on Human Factors in Computing Systems", CHI 2008, 2008, Florença, Itália, 5-10 de abril de 2008, doi:10.1145/1357054.1357072.

2. Ruby Wax, *A Mindfulness Guide for the Frazzled* (Penguin, 2016) e *A Mindfulness Guide for Survival* (Welbeck, 2021).
3. Lisa Feldman Barrett, *How Emotions Are Made: The Secret Life of the Brain* (Pan Books, 2017).
4. Para uma análise dessa abordagem, veja Andy Clark, *Surfing Uncertainty: Prediction, Action and the Embodied Mind* (Oxford University Press, 2016); Lawrence Barsalou (2008), "Grounded cognition", *Annual Review of Psychology*, 59, pp. 617-45; Lisa Feldman Barrett, *How Emotions Are Made: The Secret Life of the Brain* (Pan Books, 2017); e Manjaly, Z. M. & Iglesias, S. (2020), "A computational theory of mindfulness based cognitive therapy from the 'Bayesian brain' perspective", *Frontiers in Psychiatry*, 11, p. 404.
5. Veja a Figura 4.1 em Feldman Barrett, L., *How Emotions Are Made* (Pan Books, 2017, p. 61).

CAPÍTULO 3

1. Arthur P. Shimamura (2015), "Muybridge in motion: travels in art, psychology and neurology", *History of Photography*, vol. 26, pp. 341-50.
2. Vedanā foi inicialmente traduzido como "sensação" ou "sentimento", mas os estudiosos do budismo inicial mostraram que se refere à qualidade afetiva de tudo que entra em contato com o corpo/mente – Peacock, J. & Batchelor, M. (2018), "Vedana: What is in a 'Feeling?'" *Contemporary Buddhism*, 19(1) pp. 1-6; Weber, A. M. (2018) "Hedonic hotspots, hedonic potholes: *Vedanā* revisited", *Contemporary Buddhism*, 19, pp. 7-30; Williams, J. M. G.; Baer, R.; Batchelor, M., *et al.*, (2022), "What next after MBSR/MBCT: an open trial of an eight-week follow-on program exploring mindfulness of feeling tone (vedana)", *Mindfulness* doi.org/10.1007/s12671-022-01929-0.

    O interesse pelo tom afetivo não vem ocorrendo apenas na psicologia, mas também na filosofia. Veja, por exemplo, Barlassina, L. & Hayward, M. K. (2019) "More of me! Less of me!: Reflexive Imperativism about Affective Phenomenal Character", *Mind*, 128, p. 512, outubro de 2019.
3. Da palestra de Joseph Goldstein (2005) "Feelings: The Gateway to Liberation", em 19 de outubro de 2005, na Insight Meditation Society, https://dharmaseed.org/talks/player/36199.html.
4. Damasio, A., *A estranha ordem das coisas* (Companhia das Letras, 2018).

5   Essa é a principal descoberta de Nancy Bardacke e seus colegas no campo do parto baseado na atenção plena – elas observam que muitas mulheres deixam de perceber quando uma contração dói menos no trabalho de parto, porque estão com a mente compreensivelmente voltada para o pico da última contração e o medo da próxima. Veja Bardacke, N., *Mindful Birthing: Training the Mind, Body and Heart for Childbirth and Beyond* (Bravo Ltd, 2012).
6   Lisa Feldman Barrett, *How Emotions Are Made* (Macmillan, 2017, p. 56).
7   *Ibid* p. 121.

CAPÍTULO 5

1   Baer, R.; Crane, C.; Miller, E. & Kuyken, W. (2019), "Doing no harm in mindfulness-based programs: conceptual issues and empirical findings", *Clinical Psychology Review*, 71, pp. 101-14, https://doi.org/10.1016/j.cpr.2019.01.001.
2   Somos gratos a David Treleaven por seus conselhos sobre esta seção e por seu livro de 2018 *Trauma Sensitive Mindfulness: Practices for Safe and Transformative Healing* (W. W. Norton).
3   Singh, N. N.; Singh, J.; Singh, A. D. A.; Singh, A. N. A. & Winton, A. S. W. (2011), "Meditation on the soles of the feet for anger management: A trainer's manual", Raleigh, NC: Fernleaf (www.fernleafpub.com). No trabalho de nosso Oxford Mindfulness Centre em prisões, descobrimos que os internos apreciam uma forma simples de lidar com os estados de humor quando as coisas ficam tensas demais, em especial quando estão prestes a se envolver em discussões ou brigas.
4   O psicólogo Nirbhay Singh foi pioneiro nesse campo e ensinou a técnica da sola dos pés com sucesso a alunos de escolas: Selver, J. C. & Singh, N. N., *Mindfulness in the Classroom: An evidence-based program to reduce disruptive behavior and increase academic engagement* (Oakland, CA, New Harbinger, 2020); para adolescentes com autismo: Singh, N. N.; Lancioni, G. E.; Manikam, R.; Winton, A. S. W.; Singh, A. N. A.; Singh, J. & Singh, A. D. A (2011), "A mindfulness-based strategy self-management of aggressive behavior in adolescents with autism", *Research in Autism Spectrum Disorders*, 5, pp. 1.153-8; adultos com dificuldades de aprendizado: Singh, N. N.; Lancioni, G. E.; Winton, A. S. W.; Adkins, A. D.; Singh, J. & Singh, A. N. (2007),

"Mindfulness training assists individuals with moderate mental retardation to maintain their community placements", *Behavior Modification*, 31, pp. 800-14; e adultos mais velhos com doença de Alzheimer: Singh, N.N.; Lancioni, G. E.; Medvedev, O. N.; Sreenivas, S.; Myers, R. E. & Hwang, Y. (2018), "Meditation on the Soles of the Feet Practice Provides Some Control of Aggression for Individuals with Alzheimer's Disease", *Mindfulness*, publicado on-line em dezembro de 2018, doi: 10.1007/s12671-018-1075-0; o Programa Mindfulness in Schools utiliza uma abordagem semelhante, convidando os alunos a sentir os pés no chão e as nádegas na cadeira. Os alunos chamaram isto de FOFBOC (*feet on floor, butt on chair*; em português, pés no chão, nádegas na cadeira); veja www.mindfulnessinschools.org.
5 R. S. Thomas, "The Bright Field", *Collected Poems* (Phoenix, 1993, p. 302).
6 Somos gratos a Willoughby Britton por essa distinção (International Conference on Mindfulness, Amsterdã, 13 de julho de 2018).

CAPÍTULO 6

1 Feldman Barrett, L., *How Emotions Are Made* (Pan Books, 2017, p. 58).
2 Somos gratos ao professor de meditação Ajahn Samedho por essas frases úteis.
3 Lippelt, D. P.; Hommel, B. & Colzato, L. S. (2014), "Focused attention, open monitoring and loving kindness meditation: effects on attention, conflict monitoring, and creativity – A review", *Frontiers in Psychology*, 5, artigo nº 1.083, doi: 10.3389/fpsyg.2014.01083.
4 Kerr, C.; Sacchet, M. D.; Lazar, S. W.; Moore, C.I. & Jones, S.R., "Mindfulness starts with the body: somatosensory attention and top-down modulation of cortical alpha rhythms in mindfulness meditation", *Frontiers in Human Neuroscience*, 7, artigo nº 12, doi: 10.3389/fnhum.2013.00012.
5 Roiser *et al.* (2012), "Cognitive mechanisms of treatment in depression", *Neuropharmacology*, 37, pp. 117-36.
6 Pasto, L. & Burack J. (2002), "Visual filtering and focusing among persons with schizophrenia, major depressive disorder and no psychiatric history", *Canadian Journal of Behavioural Science*, 34, pp. 239-49.
7 Dietl, T., *et al.* (2001), "Enhanced long-latency somatosensory potentials in MDD", *Journal of Psychiatric Research*, 35, pp. 43-8.

8 Kemp *et al.* (2009), "Fronto-temporal alteration within the first 200ms during an attentional task distinguished MDD, non-clinical participants with depressed mood and healthy controls", *Human Brain Mapping*, 30, pp. 602-14.
9 Hasenkamp, W.; Wilson-Mendenhall, C. D.; Duncan, E. & Barsalou, L. W. (2012), "Mind wandering and attention during focused meditation: a fine--grained temporal analysis of fluctuating cognitive states", *Neuroimage*, 59, pp. 750-60, doi: 10.1016/j.neuroimage.2011.07.008.
10 Tang, Y. Y.; Qilin, L.; Gen, X.; Stein, E. A.; Yang, Y. & Posner, M. I. (2010), "Short-term meditation induces white matter changes in the anterior cingulate", *Proc. Nat. Acad. Sci. U.S.A.* 107, pp. 15.649-52, doi: 10.1073/pnas.1011043107.
11 Mrazek, Michael D.; Franklin, Michael S.; Phillips, Dawa Tarchin; Baird, Benjamin & Schooler, Jonathan W. (2013), "Mindfulness training improves working memory capacity and GRE performance while reducing mind wandering", *Psychological Science*, 24(5), pp. 776-81.

CAPÍTULO 7

1 Embora as palavras que você usa para descrever a sensação desagradável possam diferir daquelas usadas por outras pessoas e variar de tempos em tempos, aprender a fazer essas distinções aumenta sua percepção emocional e leva a um maior bem-estar geral: Eckland, N. S. & Berenbaum, H. (2021), "Emotional awareness in daily life: exploring its potential role in repetitive thinking and healthy coping", *Behavior Therapy*, https://doi.org/10.1016/j.beth.2020.04.010; Starr, L. R.; Hershenberg, R.; Shaw, Z. A.; Li, Y. I. & Santee, A. C. (2020), "The perils of murky emotions: emotion differentiation moderates the prospective relationship between naturalistic stress exposure and adolescent depression", *Emotion*, 20 (6); Liu, D. Y.; Gilbert, K. E. & Thompson, R. J. (2020), "Emotion differentiation moderates the effects of rumination on depression: a longitudinal study", *Emotion*, 20(7), pp. 1.234-43.
2 Se você ouve zumbidos, pode ser difícil se concentrar nos sons em um aposento mais tranquilo. Sinta-se livre para procurar uma alternativa aos sons para esta parte da meditação (por exemplo, focar nas sensações do corpo

ou abrir os olhos e ver objetos dentro ou fora do aposento, usando-os para registrar agradável/desagradável). Dito isso, se você está disposto a permanecer um pouco com o zumbido, às vezes ele pode revelar novas coisas sobre o que está gerando a sensação desagradável: o próprio ruído ou a frustração (compreensível) e outros sentimentos e pensamentos criados por ele.

3   Torre, J. B. e Lieberman, M.D. (2018), "Putting feelings into words: affect labeling as implicit emotion regulation", *Emotion Review*, 10, pp. 116-24.

4   Kircanski, K.; Lieberman, M. D. & Craske, M.G. (2012), "Feelings into words: contributions of language to exposure therapy", *Psychological Science*, 21 (10), pp. 1.086-091; Lieberman, M. D.; Eisenberger, N. I.; Crockett, M. J.; Tom, S. M.; Pfeifer, J. H. & Way, B. M. (2007), "Putting feelings into words: affect labeling disrupts amygdala activity to affective stimuli", *Psychological Science*, 18:421-8, doi:10.1111/j.1467-9280.2007.01916.x. [PubMed: 17576282]; Lieberman, M. D.; Inagaki, T. K.; Tabibnia, G. & Crockett, M. J. (2011), "Subjective responses to emotional stimuli during labeling, reappraisal, and distraction", *Emotion*, 3:468-80, doi:10.1037/ a0023503.[PubMed: 21534661].

5   Creswell, J. D.; Way, B. M.; Eisenberger, N. I. & Lieberman, M. D. (2007), "Neural correlates of dispositional mindfulness during affect labeling", *Psychosomatic Medicine,* 69(6), pp. 560-65.

6   A pesquisa original foi realizada por Loftus, E. F. & Palmer, J. C. (1974), "Reconstruction of automobile destruction: an example of the interaction between language and memory", *Journal of Verbal Learning and Verbal Behavior,* 13, pp. 585-9. Um bom resumo dessa pesquisa pode ser encontrado em https://www. simplypsychology.org/loftus-palmer.html#:~:text=Loftus.

CAPÍTULO 8

1   O psicólogo Filip Raes e colegas da Universidade de Leuven usam um questionário que pesquisa a reação das pessoas quando se sentem felizes, empolgadas ou entusiasmadas. Eles constataram que as que reagem ao estado de humor positivo dizendo a si mesmas coisas como "Lembro a mim mesmo que esses sentimentos não vão durar", "Penso sobre coisas que poderiam dar errado" ou "Eu não mereço isto" correm maior risco de depressão grave. Raes, F.; Smets, J.; Nelis. S. & Schoofs, H. (2012), "Dampening of

positive affect prospectively predicts depressive symptoms in non-clinical samples", *Cognition & Emotion*, 26(1), pp. 75-82. Para o questionário, veja Feldman, G. C.; Joorman, J. & Johnson, S. L. (2008), "Responses to positive affect: a self-report measure of rumination and dampening", *Cognitive Therapy & Research,* 32(4), pp. 507-525.

2 Trata-se de metaemoções (uma emoção sobre uma emoção, como se sentir culpado por estar irritável). É bom ficar de olho nelas porque podem acabar criando mais depressão. Bailen, N. H.; Wu, H. & Thompson, R. J. (2019), "Meta-emotions in daily life: associations with emotional awareness and depression", *Emotion,* 19(5), pp. 776-87.

3 Essa foi a percepção que motivou Jon Kabat-Zinn a oferecer atenção plena a pacientes com dor crônica na clínica que abriu no Centro Médico da Universidade de Massachusetts em 1979. A primeira prática formal para esses pacientes, a "Exploração corporal", convidou os participantes a tomarem consciência de seus corpos, o que parece o contrário do que tais pacientes precisavam. Já não estavam conscientes demais de sua dor? Mas Jon Kabat-Zinn percebeu que pensamentos e emoções sobre a dor haviam se emaranhado inextricavelmente com as próprias sensações do corpo. Trazer a percepção gentil ao corpo ajudou a desemaranhar os nós, na medida em que pensamentos, julgamentos rigorosos e emoções puderam ser vistos, mantidos num espaço maior e desacoplados entre si. Veja Jon Kabat-Zinn, *Viver a catástrofe total: Como utilizar a sabedoria do corpo e da mente para enfrentar o estresse, a dor e a doença* (Palas Athena, 2017).

4 Birch, V. & Penman, D., *Mindfulness for Health: A practical guide to relieving pain, reducing stress and restoring well-being* (Piatkus, 2013); veja também Gordon, A. & Ziv, A., *The Way Out: The revolutionary scientifically proven approach to heal chronic pain* (Vermilion, 2021).

5 Nancy Bardacke, *Mindful Birthing: Training the mind, body and heart for childbirth and beyond* (HarperOne, 2012).

6 Veja a análise das evidências em Warriner, S.; Crane, C.; Dymond, M. & Krusche, A. (2018), "An evaluation of mindfulness-based childbirth and parenting courses for pregnant women and prospective fathers/partners within the UK NHS (MBCP-4-NHS)", *Midwifery,* 64, pp. 1-10; veja também Veringa-Skiba, I. K.; de Bruin, E. I.; van Steensel, F. J. A. & Bögels, S. M. (2022), "Fear of childbirth, non-urgent obstetric interventions, and newborn outcomes: a randomized controlled trial comparing Mindful-

ness-Based Childbirth and Parenting with enhanced care as usual", *Birth*, 49(1), 40–51. https://doi.org/10.1111/birt.12571.

7   Rachman, S. & DeSilva, P. de (1978), "Abnormal and normal obsessions", *Behaviour Research & Therapy*, 16, pp. 233-48. Esses autores descobriram que tais pensamentos e impulsos são normais. Eles incluem o impulso de atacar alguém física e verbalmente, um impulso sexual em relação a outra pessoa, saltar nos trilhos quando um trem se aproxima ou o impulso de dizer coisas rudes e inaceitáveis para alguém. Em média, as pessoas reconhecem que um a três desses pensamentos ou impulsos passaram por sua mente ao longo da semana.

8   Para pessoas que lutam contra vícios, o psiquiatra e professor de atenção plena Jud Brewer explorou como a atenção plena dos tons de sentimento pode ajudar. Ele convida, por exemplo, tabagistas a focar no gosto do cigarro ao fumarem. Muitos dos participantes revelam que pela primeira vez perceberam que não *gostam* do sabor. Brewer e sua equipe produziram livros e aplicativos que ajudam a superar vícios, e existem bons indícios de sua eficácia. Veja Brewer, J., *The Craving Mind From Cigarettes to Smartphones to Love: Why we get hooked and how we can break bad habits* (Yale University Press, 2018).

9   Hanson, R., *O cérebro e a felicidade: Como treinar sua mente para atrair serenidade, amor e autoconfiança* (Martins Fontes, 2015).

CAPÍTULO 9

1   O livro principal da trilogia, *Northern Lights*, foi publicado no Brasil com o título *A bússola de ouro*.

2   Pullman, P., "Poco a poco: The fundamental particles of narrative", em *Daemon Voices: On Stories and Storytelling* (David Fickling Books, 2017).

3   Pullman, P., "Poco a poco", p. 208).

4   Tipper, S. (2010), "From observation to action simulation: the role of attention, eye-gaze, emotion, and body state", *Quarterly Journal of Experimental Psychology*, 63 (11), pp. 2.081-2.105.

5   Tucker, M. & Ellis, R. (1998), "On the relations between seen objects and components of potential actions", *Journal of Experimental Psychology: Human Perception and Performance*, 24, pp. 830-46.

6   Barsalou, L. W.; Simmons, W. K.; Barbey, A. K. & Wilson, C. D. (2003), "Grounding conceptual knowledge in modality-specific systems", *Trends in Cognitive Sciences, 7*, pp. 84-91; e Barsalou, L. W. (2008), "Grounded cognition", *Annual Review of Psychology*, 59, pp. 617-45.
7   Pulvermüller, F. (2005), "Brain mechanisms linking language and action", *Nature Reviews Neuroscience*, 6 (7) pp. 576-82.
8   Para uma análise do impacto desse campo sobre a compreensão dos problemas emocionais, veja Gjelsvik, B.; Lovic, D. & Williams, J. M. G. (2018), "Embodied cognition and emotional disorders: embodiment and abstraction in understanding depression", *Journal of Experimental Psychopathology*, julho-setembro, pp. 1-41, doi: 10.5127/pr.035714.
9   Schuch, S.; Bayliss, A. P.; Klein, C. & Tipper, S. P. (2010), "Attention modulates motor system activation during action observation: evidence for inhibitory rebound", *Experimental Brain Research*, 205(2), pp. 235-49, https://doi.org/10.1007/s00221-010-2358-4.
10 A atividade cerebral enquanto o vídeo era transmitido foi rapidamente seguida por uma mudança na direção oposta com o intuito de parar a ação.
11 Barsalou, L. W., *Situated Simulation in the Human Conceptual System* (Elsevier, 2003).
12 Blakemore, S. J. & Decety, J. (2001), "From the perception of action to the understanding of intention", *Nature Reviews Neuroscience*, 2, pp. 561-7.
13 Elgendi, M., *et al.* (2018), "Subliminal Priming – State of the Art and Future Perspectives", *Behavioral Sciences*, 8, 54.
14 A pré-ativação costuma ser seguida por uma "máscara padrão" – uma palavra aleatória que aparece no lugar da palavra pré-ativadora. Com isso, garante-se que o voluntário não perceba qual foi essa palavra.
15 Fazio, R. H.; Sanbonmatsu, D. M.; Powell, M. C. & Kardes, F. R. (1986), "On the automatic activation of attitudes", *Journal of Personality and Social Psychology*, 50, pp. 229–38.
16 Feldman Barrett, L., *How Emotions Are Made: The Secret Life of the Brain* (MacMillan, 2017); veja pp.118-27 e Apêndice D, p. 313ss.
17 Crane, C.; Jandric, D.; Barnhofer, T. & Williams, J. M. G. (2010), "Dispositional mindfulness, meditation and conditional goal setting", *Mindfulness*, 1, pp. 204-14.

CAPÍTULO 10

1. Robert N. Buck, *Weather Flying* (A & C Black, 1970).
2. Buck, Robert O. Prefácio à 5ª edição de *Weather Flying*. Robert N. Buck e Robert O. Buck (McGraw Hill, 2013), p. xv.
3. Esta foi uma das primeiras visitas de Mark Williams, com os colegas John Teasdale e Zindel Segal, ao Centre for Mindfulness da Universidade de Massachusetts quando estavam desenvolvendo a Terapia Cognitiva baseada na Atenção Plena, como narrado em seu livro: Segal, Z. V.; Williams, J. M. G. & Teasdale, J. D., *Mindfulness-based Cognitive Therapy for Depression* (2002), segunda edição, Guilford Press, 2013, pp. 53 e 57-8.
4. Somos gratos à professora de meditação Christina Feldman por sua orientação.
5. Lim, D.; Condon, P. & DeSteno, D. (2015), "Mindfulness and compassion: an examination of mechanism and scalability", *PloS one*, *10*(2), e0118221, https://doi.org/10.1371/journal. pone.0118221.
6. Meland, A.; Hoebeke, E.; Pensgaard, A. M.; Fonne, V.; Wagstaff, A. & Jensen, C. G. (2021), "A Sense of Fellowship: Mindfulness improves experienced interpersonal benefits and prosociality in a military aviation unit", *International Journal of Aerospace Psychology*, doi: 10.1080/24721840.2020.1865818; Donald, J. N.; Sahdra, B. K.; van Zanden, B.; Duineveld, J. J.; Atkins, P.W.B.; Marshall, S. L. & Ciarrochi, J. (2019), "Does your mindfulness benefit others? A systematic review and meta-analysis of the link between mindfulness and prosocial behaviour", *British Journal of Psychology*, 110, pp. 101-25.

CAPÍTULO 11

1. Steel, P. (2007), "The nature of procrastination: a meta-analytic and theoretical review of quintessential self-regulatory failure, *Psychological Bulletin*, 133(1), pp. 65-94, doi:10.1037/0033-2909.133.1.65; Prem, R.; Scheel, T. E.; Weigelt, O.; Hoffmann, K. & Korunka, C. (2018), "Procrastination in daily working life: a diary study on within-person processes that link work characteristics to workplace procrastination", *Frontiers in Psychology*, 9:1087, doi:10.3389/fpsyg.2018.01087.

2   Ao pedir a voluntários que fizessem uma tarefa ignorando os distratores, pesquisadores mostraram que os estímulos usados como distratores são considerados menos agradáveis depois, e se fotos de rostos forem usadas como distratores, as pessoas retratadas nelas são classificadas como menos confiáveis. Raymond, J. E.; Fenske, M. J. & Westoby, N. (2005), "Emotional Devaluation of Distracting Patterns and Faces: A Consequence of Attentional Inhibition During Visual Search?", *Journal of Experimental Psychology: Human Perception and Performance*, 31(6), pp. 1.404-15, https://doi.org/10.1037/0096-1523.31.6.1404.
3   Ver nota 1.
4   Ferrari, J.; Johnson, J. & McCown, W., *Procrastination and Task Avoidance – Theory, Research and Treatment* (Springer Science+Business Media, 1995), doi: 10.1007/978-1-4899-0227-6.
5   Bhalla, M. & Proffitt, D. R. (1999), "Visual-motor recalibration in geographical slant perception", *Journal of Experimental Psychology: Human Perception and Performance*, 25(4), pp. 1.076-96.
6   Somos gratos à nossa colega Sarah Silverton, professora de atenção plena sênior e autora de *The Mindfulness Key* (2012), pela permissão para usarmos esta prática na Semana 7.

CAPÍTULO 12

1   "The mere presence of your smartphone reduces brain power" em https://www.sciencedaily.com/releases/2017/06/170623133039.htm.
2   Al-Mosaiwi, M. & Johnstone, T. (2018), "In an absolute state: elevated use of absolutist words is a marker specific to anxiety, depression, and suicidal ideation", *Clinical Psychological Science*, 6, pp. 529-42.
3   Para uma terapia ser eficaz em reduzir o risco de depressão futura, seja a terapia cognitiva ou terapia cognitiva baseada na atenção plena – ou mesmo *vedanā* – é preciso cultivar essa habilidade; veja Farb, N.; Anderson, A.; Ravindran, A.; Hawley, L.; Irving, J.; Mancuso, E.; Gulamani, T.; Williams, G.; Ferguson, A. & Segal, Z. V. (2018), "Prevention of relapse/recurrence in major depressive disorder with either mindfulness-based cognitive therapy or cognitive therapy", *Journal of Consulting and Clinical Psychology*, 86(2), pp. 200-4.

Agradecimentos

Este livro e o programa que ele contém não teriam se concretizado sem a ajuda e o apoio de muitas pessoas. Agradecemos os conselhos e as orientações científicas dos colegas Alan Baddeley, Tim Dalgleish, Barney Dunn, Martin Eimer, Elaine Fox, Bergljot Gjelsvik, Dirk Hermans, Filip Raes e Steve Tipper. Não poderíamos ter feito isso sem o conselho e a orientação sobre os fundamentos budistas antigos de John Peacock, Catherine McGee, Martine Batchelor, Helen Ma e Chris Cullen. Também somos gratos a Robert Williams por nos manter atualizados sobre a filosofia que explora o tom afetivo da experiência.

A primeira grande descoberta de como essas meditações poderiam ajudar a aprofundar e sustentar a prática de atenção plena foi com Helen Ma, que lecionou ao lado de Mark Williams por vários anos em retiros de treinamento oferecidos como parte do Curso de Fundamentos para o Ensino de Terapia Cognitiva baseada em Atenção Plena em Hong Kong, e muito do enquadramento e da linguagem do programa final foi bastante influenciado por sua sabedoria e bondade.

Como o programa migrou de um ambiente de retiro para um contexto mais convencional, a Wheatley Mindfulness Network realizou uma versão protótipo de seis sessões do programa, e somos gratos a Roger Bettess, Jen Yeates, Christine Bainbridge, Tom Goss, Lonnie Gross, Julian Gross, Ann Gajda, Norbert Gajda, Elaine Parsons, Tanya Berman, Frances Simpson, Caroline Sants, Celia Montague, Bob Webster, Liz Barry, Tony Barry, Juliet Vale, Hilary Wright, Pat Jeffs e Polly Jeffs.

Nesses estágios iniciais de desenvolvimento do curso, os colegas

Rebecca Crane, Ee-Lin Ong, Helen Ma, Chris Cullen, Andy Phee, Melanie Fennell, Johannes Michalak e Thomas Heidenreich deram mais feedback sobre os esboços do programa, e David Treleaven ofereceu conselhos sábios para aperfeiçoar o curso levando em consideração os traumas que muitos participantes enfrentaram no passado. Ajudou-nos muito que Rebecca Crane e o Rowen Mindfulness Group no norte do País de Gales, bem como colegas em Hong Kong e na China, estivessem dispostos a experimentar as meditações em um estágio inicial e oferecer feedback que ajudou a influenciar o formato final.

Foi maravilhoso ver colegas professores/treinadores do Institute for Mindfulness South Africa (IMISA) dispostos a trabalhar no programa piloto e oferecer feedback: Matthew Watkin, Barbara Gerber, Anneke Barnard, Craig Henen, Danielle Klemp, Denise Washkansky, Fathima Bux, Ashika Pillay, Janine Kirby, Julie Deane-Williams, Linda Kantor, Mandy Johnson, Nico Brink, RJ Chippindall, Simon Whitesman, Debbie Grusd, Luke Younge e Kate Leinberger.

Somos especialmente gratos aos treinadores da IMISA Matthew Watkin, Mandy Johnson, Linda Kantor, Barbara Gerber e Janine Kirby que, ao lado de Ee-Lin Ong (Nova Zelândia) e Andy Phee (Reino Unido), ensinaram o programa completo de oito semanas aos voluntários participantes em um ensaio de pesquisa aberta para avaliá-lo. A pesquisa em si não teria sido possível sem a equipe de Oxford – Emma Medlicott, Kath de Wilde, Lucy Radley e Laura Taylor –, que trabalhou no estudo do início ao fim, desde a obtenção de permissão ética até a criação de arquivos de dados e condução da análise de dados, e integrou a equipe de redação, ao lado de Ruth Baer, John Peacock e Chris Cullen. Agradecimentos especiais aos participantes do estudo de pesquisa na África do Sul, na Nova Zelândia e no Reino Unido, que nos deram descrições detalhadas de suas experiências enquanto percorriam o curso de oito semanas – a maioria em meio à pandemia –, além de permitirem que usássemos suas experiências para influenciar este livro em benefício de outras pessoas.

Agradecemos aos professores e funcionários do Oxford Mindfulness Centre (OMC) que continuam a apoiar a divulgação do programa.

Também somos gratos a Willem Kuyken, Alison e Peter Yiangou, Claire Kelly e Sharon Hadley, e todos os maravilhosos professores/treinadores do OMC que agora ensinam o programa. O OMC foi particularmente útil ao nos encorajar a montar uma versão "degustação" on-line do curso durante 2021, e participantes de 82 países fizeram parte e puderam oferecer feedback útil.

Agradecemos a Sarah Silverton pela permissão de usar sua prática da Semana 7 e a Pat Simpson e Beth MacKay pela permissão de usar suas histórias e experiências. Elas, como todas as que foram incluídas no livro, tiveram os nomes alterados para preservar o anonimato. Agradecemos a Jen Williams, que leu e comentou a primeira versão do texto.

Continuamos imensamente gratos a Sheila Crowley da Curtis Brown, Kris Dahl da ICM Partners, Zoe Bohm, Jillian Stewart, Matt Crossey e Holly Harley da Piatkus, e a Nana Twumasi e Natalie Bautista da Hachette.

Por fim, cada um de nós tem uma enorme dívida para com nossas parceiras, Phyllis e Bella, e nossos filhos, Rob, Jen e Annie e Sasha e Luka, por seu amor, paciência e apoio durante os inevitáveis desafios da escrita.

CONHEÇA OS LIVROS DE MARK WILLIAMS E DANNY PENMAN

Atencão plena

Atenção plena profunda

CONHEÇA OUTROS LIVROS DA EDITORA SEXTANTE

A arte de respirar, de Danny Penman

Atenção plena para iniciantes e *Aonde quer que você vá, é você que está lá*, de Jon Kabat-Zinn

Atenção plena em poucas palavras, da Dra. Patrizia Collard

Atenção plena para todos os dias, de Elisha Goldstein e Bob Stahl

As coisas que você só vê quando desacelera e *Amor pelas coisas imperfeitas*, de Haemin Sunim

Comece onde você está, *Palavras essenciais*, *Os lugares que nos assustam* e *Confortável com a incerteza*, de Pema Chödrön

A magia do silêncio e *Em busca do tempo presente*, de Kankyo Tannier

Para saber mais sobre os títulos e autores da Editora Sextante, visite o nosso site e siga as nossas redes sociais.
Além de informações sobre os próximos lançamentos, você terá acesso a conteúdos exclusivos e poderá participar de promoções e sorteios.

sextante.com.br